Españ[illegible] en marcha 2

Curso de español como lengua extranjera

Cuaderno de ejercicios

Francisca Castro Viúdez
Carmen Sardinero Franco
Ignacio Rodero Díez

ele
Español Lengua Extranjera

SOCIEDAD GENERAL ESPAÑOLA DE LIBRERÍA, S. A.

SGEL

Primera edición, 2005
Séptima edición, 2012

Produce SGEL – Educación
Avda. Valdelaparra, 29
28108 ALCOBENDAS (MADRID)

Diseño de cubierta: Fragmenta comunicación S.L.
Diseño y maquetación: Verónica Sosa y Leticia Delgado
Ilustraciones: Maravillas Delgado
Fotografías: Jesús García Bernardo, Archivo SGEL, Cordon Press, S. L.

ISBN 10: 84-9778-133-3
ISBN 13: 978-84-9778-133-6
Depósito legal: M. 30.466-2011
Printed in Spain – Impreso en España

Impresión: Closas-Orcoyen, S. L.

contenidos

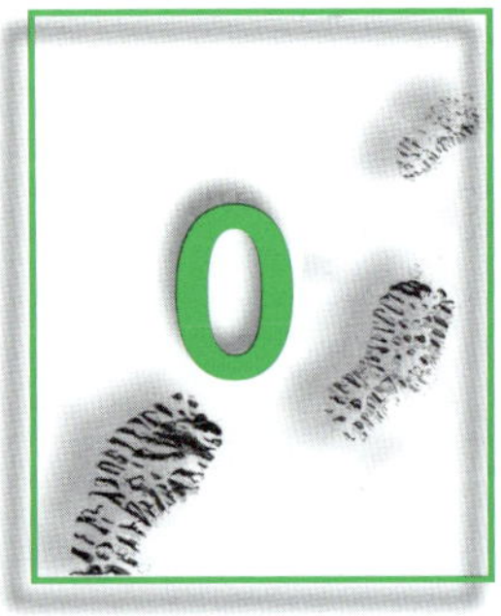

1. Escribe el verbo entre paréntesis en la forma adecuada del presente.

1. Jorge *empieza* a trabajar a las ocho de la mañana y ______ (terminar) a las cinco de la tarde. ______ (salir) de su casa a las siete de la mañana para llegar a tiempo.
2. Mis vecinos ______ (trabajar) de noche y ______ (dormir) de día, por eso nosotros no podemos hacer ruido.
3. A. Araceli, ¿tú a qué te dedicas?
   B. _____ (ser) profesora, ___ (dar) clases de matemáticas en Bachillerato.
4. A. Y tú, ¿cómo ______ (venir) al trabajo, en metro o en coche?
   B. Como vivo en un chalé en el campo, primero ______ (tomar) un autobús hasta la estación de tren y luego ______ (venir) en metro.
5. A. Señorita, ¿cuánto ______ (costar) este bolso?
   B. Ése está rebajado, 29 €.
6. A. ¿Qué ______ (ir) a estudiar?
   B. Yo _______ (querer) estudiar Biología, pero mis padres ______ (decir) que es mejor estudiar Medicina.
7. A. Hola, Óscar, ¡estás en forma!
   B. Sí, ______ (ir) al gimnasio todos los días.
8. A. ¿Dónde ______ (estar) mi diccionario?
   B. No lo ______ (saber).
9. A. ¿Cuántas veces ______ (salir) a la semana?
   B. Yo sólo ______ (salir) los sábados, tengo que estudiar mucho.
10. A. ¿______ (poder) decirme cómo se ______ (ir) a la estación de tren?
    B. Sí, mire, ______ (seguir, Vd.) recto por esta calle y ______ (tomar) la tercera a la derecha. A pocos metros está la estación de tren.
11. A. Ramón, ¿______ (volver, nosotros) ya a casa? Es muy tarde.
    B. Vale.
12. A. ¿Cuántos hijos ______ (tener, vosotros)?
    B. Dos, un niño y una niña.
13. A. ¿Qué ______ (hacer, tú) normalmente los sábados por la mañana?
    B. ______ (levantarse) a las nueve de la mañana, ______ (hacer) la compra de la semana, ______ (hacer) una comida especial para mi familia y por la tarde ______ (dar) todos un paseo por el parque. Es un día muy tranquilo.
14. A. Yo no ______ (tener) problemas con el dinero, cuando no ______ (tener) suficiente, se lo ______ (pedir) a mis padres.
    B. Pues qué bien. Yo no ______ (poder) pedirles a mis padres porque ellos tampoco ______ (tener) mucho.

2. Formula la pregunta adecuada.

1. • ______________________________
   • Sí, un niño y una niña.
2. • ______________________________
   • Treinta y cuatro.
3. • ______________________________
   • No, no la conozco.
4. • ______________________________
   • Sí, me gusta mucho, me la llevo.
5. • ______________________________
   • Vale, ¿a qué hora quedamos?
6. • ______________________________
   • No, lo siento, no puedo, tengo que hacer la comida.
7. • ______________________________
   • No, gracias, no tomo café.
8. • ______________________________
   • ¿La ventana?, sí, claro, ábrela.
9. • ______________________________
   • Nada, sólo estoy un poco cansado.
10. • ______________________________
    • Comí con mi marido.

3. Contesta, como en el ejemplo.

1. • *¿Puedo sentarme aquí?*
   • *Sí, claro, siéntate.*
2. • ¿Puedo abrir la ventana?, hace calor.
   • Sí, claro, ______________________________
3. • ¿Puedo traer ya la ensalada?
   • Sí, ______________________________
4. • ¿Puedo probarme esta camisa?
   • Sí, claro, ______________________________
5. • ¿Puedo tomar otro bombón?
   • Sí, claro, ______________________________
6. • ¿Puedo bañarme ya, mamá?
   • ______________________________
7. • ¿Puedo llevarme tu paraguas?
   • ______________________________
8. • ¿Puedo poner aquí mis cosas?
   • Sí, claro, ______________________________

4. Completa con el pronombre adecuado.

1. ¿A vosotros *os* gusta este hotel?, pues a mí no ____ gusta nada.
2. A Carlos y Marta nuestro coche ____ parece demasiado grande.
3. Ayer ____ compré una cámara de vídeo nueva, ¿quieres ver____?
4. Carlos, ¿qué ____ parece mi nueva cámara de vídeo?
5. A nosotros no ____ gusta bañar___ en la piscina, preferimos la playa.
6. Roberto no ____ afeita todos los días, sólo los domingos y está horrible.
7. ¿Quieres tomar un café?, ____ invito.
8. A. ¿Conoces al profesor nuevo?
   B. No, no ____ conozco.
9. Rosa, allí están mis gafas, tráe___ , por favor.
10. ¿A Vd. ____ gusta la tortilla de patatas?
11. A. ¡Rafa, ____ llaman al teléfono!
    B. No puedo poner___ ahora, estoy duchándo___ .
12. Mis padres ____ invitan a comer todos los domingos a mi marido y a mí.
13. A. ¿Qué ____ pasa a Olga? Está muy seria.
    B. Es que ____ duele la cabeza.
14. A. Elena, ¿a ti qué ____ parecen los cuadros de Miró? ¿____ gustan?
    B. Sí, ____ gustan, pero no demasiado, ____ parecen infantiles.
15. A. Jaime, tienes mala cara, ¿qué ____ pasa?
    B. Que ayer ____ caí de la bicicleta y ____ duele todo el cuerpo.
16. A. Ayer, ¿a qué hora ____ acostaste?
    B. Muy tarde, mi mujer ____ acostó a las once de la noche, y yo a la una y media de la mañana.
17. A. ¿Sabes que Luisa y Ángel ____ divorciaron el año pasado?
    B. No, no ____ sabía.
18. A. Alejandro, ¿tú ____ quieres?
    B. Claro que ____ quiero, mujer.
19. A. ¿Qué vas a hacer este verano?
    B. Voy a quedar___ en Madrid, trabajando.
20. Yo creo que a todos los españoles no ____ gustan los toros, sólo a algunos.

5. Ésta es la vida de una ejecutiva. Completa el texto con los verbos del recuadro en pretérito indefinido.

salir (x 2) – hacer – ~~tener~~ (x 2) – recibir acostarse – desayunar – comer – pasar levantarse – empezar

Ayer Virginia (1) *tuvo* un día ocupadísimo. (2)______ a las seis y media de la mañana, (3)_________ una taza de cereales con leche y un zumo de naranja y (4)_________ de casa a las siete y media de la mañana con la bolsa del gimnasio. (5)_________ ejercicio de ocho a nueve de la mañana y a las nueve y media de la mañana (6)_________ a trabajar. (7)_________ dos reuniones con sus jefes antes de comer. (8)_________ en el restaurante de la empresa y por la tarde (9)_________ a varios colegas de otras empresas. (10)_________ de la oficina a las seis y media de la tarde. Antes de llegar a su casa (11)_________ por el supermercado para comprar verduras y pan para la cena. Por fin (12)_________ a las once de la noche.

0

6. Completa las frases con las preposiciones adecuadas (*a*, *de*, *en*, *por*, *con*).

1. Las llaves están *en* el bolsillo _____ mi chaqueta.
2. Ayer _____ la mañana vi _____ Celia _____ la parada ____ autobús.
3. ¿_____ qué hora abren la farmacia?
4. ¿Sabes? Óscar se ha casado _____ Luisa.
5. Laura se levanta todos los días _____ las dos _____ la tarde porque trabaja _____ la noche.
6. María no está _____ Madrid, fue _____ ver _____ su madre, que vive _____ Sevilla.
7. ____ mí me encantan los helados ____ chocolate.
8. Los domingos _____ la tarde veo los partidos _____ fútbol _____ la tele.
9. Rafa y Mayte están ____ vacaciones ____ Mallorca.
10. Normalmente vengo _____ clase _____ metro.
11. Los domingos mucha gente va _____ pasear _____ parque _____ Retiro.
12. Por favor, ¿el tren que va _____ Málaga pasa _____ Granada?
13. Antes ____ ir al mercado, pasa ____ la panadería.
14. Buenos días, quiero mandar este paquete _____ avión.
15. Mi pueblo está _____ 30 km _____ la capital.
16. Yo creo que Enrique está _____ mal humor porque no tiene trabajo.
17. Cuando me reúno _____ mis amigos hablamos _____ muchas cosas: _____ política, _____ cine, _____ libros, _____ todo.
18. Ayer Eduardo salió _____ su casa _____ las ocho _____ la mañana y volvió _____ las ocho _____ la noche, estaba cansadísimo.
19. Mañana va _____ dar un concierto _____ piano una amiga mía _____ el salón _____ actos _____ la escuela.
20. ¡Qué suerte tienes! Tú sólo trabajas _____ la mañana, yo tengo que trabajar _____ la mañana y _____ la tarde.
21. Jaime, llama _____ teléfono _____ tu jefe.
22. La mesa nueva es ___ madera ____ pino envejecida.
23. A. ¿Quién es el chico _____ las gafas?
    B. Es Ernesto, el profesor _____ Química.

7. Subraya la preposición más adecuada.

1. A. ¿*Por / para* qué sirve este aparato?
   B. *Por / para* limpiar las alfombras.
2. Perdone, ¿*por / para* dónde pasa ese autobús?
3. Esta tarta es *por / para* ti.
4. Venimos *por / para* hablar contigo.
5. A. ¿Y Andrés?
   B. Está paseando *por / para* el parque.
6. Tenéis que hacer estos deberes *por / para* mañana.
7. Adiós, gracias *por / para* todo.
8. Buenos días, quiero unas pastillas *por / para* el dolor de cabeza.
9. Hay una carta *por / para* Juan.
10. Se suspendió el concierto *por / para* la lluvia.

8. Relaciona.

1. Mira, David, te presento a Martina, la compañera nueva. [C]
2. Perdone, ¿hay una farmacia por aquí cerca? [ ]
3. ¿Puedes abrir la ventana, por favor? [ ]
4. Óscar, levántate ya, son las once de la mañana. [ ]
5. ¿Quieres salir a tomar algo? [ ]
6. ¿Qué van a tomar de primero? [ ]
7. ¿Y de postre? [ ]
8. ¿Qué te pasa? [ ]
9. ¿Estás casado? [ ]

a. Estoy harta de mi jefe.
b. Ya voy, mamá.
c. Hola, Martina, ¿qué tal?
d. Claro, ahora mismo.
e. Sí, hay una aquí cerca.
f. Vale, ¿a qué hora quedamos?
g. Un flan y un helado.
h. No, pero tengo novia.
i. Una ensalada y un gazpacho.

9. Completa las frases con las conjunciones del recuadro.

porque – como (x 2) – si (x 3) pero (x 2) – y (x 2) – también

1. *Si* no me arreglan pronto el ordenador, no puedo seguir trabajando.
2. Alicia nació en Chile, ________ cuando tenía un año sus padres se trasladaron a Lima, así que es peruana.
3. ________ ayer Rodrigo estaba demasiado cansado no hizo nada ________ se acostó.
4. ________ el niño tiene fiebre, llévalo al médico.
5. ________ no vienes pronto, me voy.
6. Paco come mucho ________ no engorda.
7. No vine a clase ________ me encontraba mal.
8. A. A mí me gusta mucho el fútbol.
   B. A mí ________
9. ________ no puedo irme de vacaciones, voy a hacer un curso de cerámica.
10. Está muy enfermo, ________ no se queja para no preocuparnos.

10. Subraya el verbo adecuado.

1. Ayer *vimos / veíamos* la última película de Amenábar en el cine Princesa.
2. El lunes pasado *comí / comía* con mi jefe y su mujer.
3. Antes, cuando yo *fui / era* joven, no *tuve / tenía* Internet.
4. Cuando yo *fui / era* niña, *pasé / pasaba* las vacaciones en el pueblo donde *vivieron / vivían* mis abuelos.
5. El sábado Lucía *fue / iba* de compras con su madre.
6. A. ¿*Estuviste / estabas* en la fiesta de Jorge el sábado?
   B. Sí, *fue / era* estupenda, *estuvimos / estábamos* bailando hasta las cinco de la mañana.
7. Yo creo que antes la gente *vivió / vivía* peor que ahora, no *hubo / había* tantas comodidades y en general, la vida *fue / era* más dura.
8. La primera vez que *salí / salía* al extranjero me *gustó / gustaba* tanto que ahora salgo todos los años.

11. ¿Qué sabes del español y de sus hablantes? Contesta las preguntas.

Test cultural

1. ¿Cuántas personas hablan español en el mundo?
2. ¿De dónde viene el idioma español?
3. ¿Cuántas lenguas oficiales se hablan en España?
4. ¿Cómo se llaman los habitantes de Galicia?
5. ¿Cómo es el clima en México en verano?
6. ¿Cuándo se celebra el Día de los Muertos en México?
7. ¿En qué país está Cuzco?
8. España es el primer productor de un alimento, ¿cuál?
9. Di el nombre de dos escritores de lengua española.
10. Di el nombre de tres equipos de fútbol hispanos.
11. ¿Cuál es el equipo de fútbol más famoso de Buenos Aires?
12. Di el nombre de tres cantantes hispanoamericanos.
13. ¿Qué desayunan los españoles?
14. ¿Cuántas comidas españolas o hispanoamericanas conoces?
15. ¿Quién pintó el *Guernica*?
16. ¿Qué pintor mexicano pintó los *Murales de la Alameda.*
17. ¿Cuál es la capital de Cuba?
18. ¿Cuál es la comida más típica de México?
19. ¿Cuáles son los ingredientes de la tortilla española?

12. Relaciona:

1. La Sagrada Familia	a. México
2. Machu Picchu	b. Perú
3. La Alhambra	c. Bilbao
4. Museo Gugenheim	d. Barcelona
5. Pirámide de Teotihuacan	e. Granada

0

A. ¿Cómo estás?

1. Relaciona.

1. Hola, ¿qué tal? [b]
2. Buenos días, Rosa, ¿cómo está usted hoy? [ ]
3. Señor Cuevas, le presento a Sergio Martínez. [ ]
4. ¿De dónde eres, Pablo? [ ]
5. Eva, te presento a Pablo, de Buenos Aires. [ ]
6. Mira, Susana, este es Luis Torres, un compañero nuevo. [ ]

a. Hola, Pablo, ¿qué tal?
b. Bien, ¿y tú?
c. Encantado de conocerte, Sergio.
d. De Buenos Aires.
e. Encantada. Bienvenido.
f. Un poco mejor, gracias.

1

2. Estos son los gustos de Rafa y Alicia. Escribe las frases correspondientes.

	Rafael	Alicia
el cine	V	V
ir a la discoteca	X	V
leer	V	X
jugar al fútbol	X	X
andar	X	V
los coches	X	V
navegar por Internet	V	X
la comida china	V	V
la Historia	V	X

1. A Rafa y Alicia les gusta el cine.
2. A Rafael no le gusta ir a la discoteca, pero a Alicia, sí.
3. ______________________________
4. ______________________________
5. ______________________________
6. ______________________________
7. ______________________________
8. ______________________________
9. ______________________________

3. Escribe las preguntas.

1. *¿Cómo te llamas?*
   Nicole Manderson.
2. ¿______________________________?
   Soy australiana.
3. ¿______________________________?
   Soy informática.
4. ¿______________________________?
   En una empresa de ordenadores.
5. ¿______________________________?
   En Sidney.
6. ¿______________________________?
   Porque voy a ir a trabajar a España.
7. ¿______________________________?
   Me gusta salir con mis amigos, nadar, hacer *windsurf* y estudiar español, claro.

4. Relaciona.

1. jugar	a. de viaje
2. dar	b. al fútbol
3. ir	c. el piano
4. andar	d. por Internet
5. comprar	e. por el campo
6. navegar	f. un paseo
7. tocar	g. recuerdos
8. admirar	h. el paisaje

B. Rutinas

1. Completa el texto con los verbos del recuadro.

> trabajar – ser (x 4) – empezar
> tener – ~~vivir~~ – salir – volver (x 2)
> levantarse – ir – estudiar – llevar
> comer (x 2) – practicar

Ángel Hervás y Susana Daza (1) *viven* en un chalé adosado en Pozuelo, cerca de Madrid. Ángel (2)________ agente de tráfico aéreo, (3)________ en el aeropuerto de Barajas. Su horario de trabajo (4)________ irregular porque depende del tráfico de aviones. En verano (5)________ más trabajo que en invierno. Si trabaja por la mañana, (6)________ a las siete, (7)________ a los niños al colegio y (8)________ a trabajar a las nueve. (9)________ en el restaurante del aeropuerto y (10)________ a casa a las seis de la tarde.
Susana, su mujer, (11)________ psicóloga, trabaja en un departamento de orientación de mujeres.

Su horario (12)________ de ocho de la mañana a tres de la tarde, de lunes a viernes. (13)________ de su casa a las 7.30 y (14)________ a las 15.30. Normalmente (15)________ en casa y luego (16)________ a recoger a los niños al colegio. Por la tarde (17)________ yoga y también (18)________ Historia del Arte.

2. Completa con las preposiciones adecuadas *(a / de / desde / hasta / por / en)* y las construcciones *al* y *del*.

1. Ángel empieza a trabajar *a* las ocho de la mañana.
2. Mi amigo trabaja más ______ verano que ______ invierno.
3. Eduardo sale ______ su casa ______ las siete ______ la mañana y vuelve _____ las siete ______ la tarde.
4. Yo no trabajo ______ la tarde, solo trabajo ______ la mañana, ____ ocho ____ tres.
5. Los bancos no abren ______ la tarde.
6. Pedro va ____ llevar ______ sus hijos _____ colegio _____ la mañana, y Rocío va _____ recogerlos por la tarde.
7. Los fines ______ semana Pedro y Rocío llevan ______ sus hijos ______ parque ______ Retiro.
8. Tengo vacaciones ______ el día 6 ______ el 31 _____ julio.
9. Todos los sábados ______ la noche veo una película ______ la tele.
10. ______ mi apartamento no se ve bien la playa.
11. ______ mi barrio, las tiendas cierran ______ dos ______ cinco.
12. Marcelo siempre llega tarde ______ clase.

3. Completa las frases con el pronombre correspondiente.

1. Al padre de Lola *le* gustan mucho las novelas policíacas.
2. Estás muy mal, ¿por qué no ____ peinas?
3. Joaquín no ____ lleva el coche a su trabajo porque no puede aparcar allí.

4. A casi todos los niños ____ encanta el circo, pero a Arturo, no.
5. ¿Qué ____ parece a tus vecinos el ascensor nuevo?
6. Esa camiseta no ____ queda bien a Luisa, es demasiado grande.
7. Rafa y Mayte ____ levantan los domingos a las 12.

ESCUCHAR

4. Escucha a Lucía hablar de su rutina y señala V o F. 1

1. Lucía está casada y tiene un hijo. V
2. Lucía se levanta a las 6. ☐
3. Su marido trabaja en publicidad. ☐
4. Lucía va en metro a su trabajo. ☐
5. Las clases empiezan a las 8.30. ☐
6. Toda la familia come en casa. ☐
7. Lucía hace la comida. ☐
8. Lucía se acuesta a las 12. ☐

1

C. Unas vacaciones inolvidables

1. Escribe la primera y la tercera persona del pretérito indefinido de los siguientes verbos. ¿Es regular o irregular?

~~salir~~ – ~~ir~~ – ser – tener – leer – hacer
escribir – levantarse – acostarse – dormir
terminar – comprar – comer – ver
poder – venir

REGULARES	IRREGULARES
salí - salió	fui – fue

2. Completa el diálogo con los verbos en pretérito indefinido.

CELIA: Hola, Ana, ¿qué tal el domingo?
ANA: Bien. (1) *Me levanté* (levantarse, yo) temprano para correr un poco por el parque. (2)________ (volver) a casa a las diez, (3)________ (ducharse) y (4)________ (desayunar) con Chema.
Luego (5)________ (salir) los dos a dar una vuelta por el Rastro. (6)________ (comprar, yo) una mesita antigua preciosa y muy barata. (7)________ (encontrarse) con el hermano de Chema y su mujer y (8)________ (ir) todos a tomar unas tapas. A las dos (9)________ (comer, nosotros) en casa y por la tarde no (10)________ (salir). Bueno, Chema (11)________ (ir) a jugar al ajedrez con Eduardo y yo (12)________ (estar) hablando por teléfono con mi madre y mis hermanas casi una hora.

3. Escribe 10 frases sobre lo que hiciste el sábado pasado.

El sábado pasado fui de compras con Carlos.

4. Completa el texto con los verbos del recuadro en pretérito indefinido.

1. A. Laura, ¿Adónde (ir) ________ de vacaciones el verano pasado?
   B. (ir) ________ a la playa de Salou, con mi amiga Susana.
2. Eduardo, ¿dónde (poner) ________ mis gafas de sol ayer?
3. Yo no sé qué (hacer) ________ los pintores la semana pasada. Todavía no está la casa preparada.
4. A. ¿Qué (hacer, tú) ________ anoche?
   B. Nada especial. (ver) ________ una película en la tele y (acostarse) ________ .
5. A. ¿Qué (comprar, tú) ________ el domingo en el Rastro?
   B. (comprar) ________ un mesa y unas sillas antiguas.
6. A. ¿Quién (venir) _______ a casa ayer por la tarde?
   B. Roberto, el periodista.
7. A. Óscar, ¿a qué hora (volver, tú) ________ a casa el sábado por la noche?
   B. No muy tarde, mamá, a las doce de la noche.
8. El mes pasado Gloria y Rafa (estar) ________ en Lisboa y dicen que (llover) ________ un poco, pero que lo (pasar) ________ muy bien.
9. El verano pasado, mi familia y yo (ir) ________ de vacaciones a Canarias, (bañarse) ________ todos los días en la playa y también (hacer) ________ una excursión en camello. (ser) ________muy divertido.

5. Maribel está de vacaciones en Barcelona con unos amigos. Completa la postal con las palabras del recuadro.

es – fuimos – luego – muy bien Después – y – abrazo – son – estuvimos ~~Queridos~~ – Fue

(1) Queridos padres:

¿Qué tal estáis? Yo estoy (2)_______. Esta ciudad es preciosa, y cada día podemos hacer algo diferente. Ayer por la mañana (3)_______ primero a ver la Sagrada Familia y (4)_______ al Parque Güell . Es impresionante. (5)_______ de comer, nos bañamos en la playa de la Barceloneta (6)_______ ya por la noche (7)_______ paseando por las Ramblas. (8)_______ un día muy completo. Aquí la gente (9)_______ amable y las tapas (10)_______ muy buenas, pero ¡qué caro está todo!
Un (11)_______ muy fuerte y hasta el sábado.

Maribel

6. En cada frase hay un error. Búscalo y corrígelo.

1. El sábado pasado Manolo *fui* al cine. *(fue)*
2. ¿Apeteces una cerveza?
3. A. ¿Qué tal el fin de semana?
   B. Muy bien, fui en la discoteca.
4. Anoche yo veo la tele hasta las doce de la noche.
5. A los jóvenes españoles le encantan salir por la noche.
6. El domingo Fernando se levanto a las once de la mañana.
7. A. ¿Vienes al cine?
   B. Vale, ¿dónde nos quedamos?
   C. En la puerta del cine.
8. ¿Qué hora volviste ayer a casa?

2

A. ¿Quieres ser millonario?

1. Haz las preguntas correspondientes para conseguir la información subrayada.

1. *¿Qué está comprando Pedro?*
   Pedro está comprando una bicicleta nueva.
2. ______________________________
   Fui al Museo de Ciencias.
3. ______________________________
   Ángel arregló el reloj.
4. ______________________________
   Hicieron pescado para cenar.
5. ______________________________
   Nos vamos de vacaciones a Nueva York.
6. ______________________________
   Rosa y Pablo fueron al zoo.
7. ______________________________
   Susana sabe tocar el piano.
8. ______________________________
   Lorena viene la semana próxima.
9. ______________________________
   El helado está en el congelador.
10. ______________________________
   El partido es a las once de la mañana.
11. ______________________________
   Me gusta la música clásica
12. ______________________________
   Normalmente ceno a las diez de la noche.
13. ______________________________
   Vinieron a verme mis amigos de Jaén.

2

2. Completa las preguntas con *cuántos, cuántas, cuánto, cuánta*.

1. ¿*Cuántos* alumnos hay en tu clase?
2. ¿_______ agua bebes al día?
3. ¿_______ películas viste el mes pasado?
4. ¿_______ cuesta un televisor de plasma?
5. ¿_______ plátanos hay en la nevera?
6. ¿_______ personas había en el estadio?
7. ¿_______ partidos de baloncesto ganó España en las Olimpiadas?
8. ¿_______ fruta comes al día?
9. ¿_______ kilómetros andas a la semana?
10. ¿_______ correos electrónicos envías cada semana?
11. ¿_______ tiempo dura un partido de tenis?

3. Subraya la forma adecuada.

1. ¿Qué / *Cuál* chaqueta te gusta más: la verde o la azul?
2. ¿*Cuál* / *Qué* deporte te gusta más: el fútbol o el baloncesto?
3. ¿*Qué* / *Cuál* ciudad prefieres: Córdoba o Sevilla?
4. ¿*Qué* / *Cuál* quieres para cenar: pescado o carne?
5. ¿*Qué* / *Cuál* libro tienes que leer?
6. ¿*Qué* / *Cuál* prefieres: éste o aquél?
7. ¿*Qué* / *Cuál* es el número de teléfono de Ricardo?
8. ¿*Qué* / *Cuál* quieres para tu cumpleaños: un libro o un CD?

4. Elige la palabra correcta.

1. ¿*Cuántas* naranjas compraste?
   a. Qué b. Cuántas c. Cuál
2. ¿_______ tipo de música prefieres?
   a. Cómo b. Cuál c. Qué
3. ¿_______ vive tu prima?
   a. Dónde b. Cuándo c. Cuál
4. ¿_______ llegaste a Chile?
   a. Qué b. Dónde c. Cuándo
5. ¿_______ periódico lees habitualmente?
   a. Cómo b. Qué c. Cuál
6. ¿_______ te gusta más: éste o aquél?
   a. Cuál b. Qué c. Cómo

B. Biografías

1. Haz frases en pretérito indefinido, como en el ejemplo.

Montserrat Caballé / nacer / en Cataluña.
Montserrat Caballé nació en Cataluña.

1. Di Stéfano / jugar / en el Real Madrid muchos años.

   ______________________________.

2. Cervantes / es / autor de *El Quijote*.

   ______________________________.

3. Los Reyes de España / casarse / en Grecia.

   ______________________________.

4. Antonio Banderas y Melanie Griffith / conocerse / en el rodaje de una película.

   ______________________________.

5. García Márquez / recibir / el Premio Nobel de Literatura en 1982.

   ______________________________.

2. Lee los siguientes titulares y escribe las noticias en pretérito indefinido, como en el ejemplo.

Abril – 1939
TERMINA LA GUERRA CIVIL ESPAÑOLA

Enero – 1963
LOS BEATLES CONSIGUEN SU PRIMER ÉXITO

Julio – 1969
EL HOMBRE LLEGA A LA LUNA

Mayo – 1904
DALÍ NACE EN CATALUÑA

Julio – 1789
COMIENZA LA REVOLUCIÓN FRANCESA

1. *La Guerra Civil española terminó en abril de 1939.*
2. ______________________________
3. ______________________________
4. ______________________________
5. ______________________________

3. Completa el texto con el pretérito indefinido de los verbos.

Miguel de Cervantes

Miguel de Cervantes Saavedra (1) *nació* (nacer) en Alcalá de Henares en 1547. En 1569 (2)______ (irse) a Roma y allí (3)_________ (hacerse) soldado. En una batalla importante (4)_____ (perder) el brazo izquierdo. (5)_________ (estar) en una cárcel de Argel durante cinco años y en 1580 finalmente (6)_______ (volver) a España. (7)_______ (casarse) con Catalina de Salazar. (8)_____ (tener) problemas en su trabajo de recaudador de impuestos y (9)____ (ir) a la cárcel otra vez. Allí (10)_________ (escribir) su obra más importante: *Don Quijote de la Mancha*. (11)______ (morir) en 1616.

2

4. Completa el texto con el pretérito indefinido de los verbos del recuadro.

empezar (x 2) – crear – descubrir estudiar – gustar – ~~querer~~ – tener conseguir – dedicarse

Juan López siempre (1) *quiso* ser famoso. Él (2)__________ a jugar al fútbol cuando tenía seis años. Pero los buscadores de talentos no le (3)________ .

Años más tarde, Juan lo intentó en el mundo de la música y (4)_______ violín durante varios años. Pero a los expertos no les (5)_________ su música. Después (6)_________ en el mundo del teatro, pero no (7)_________ ningún éxito. Ante esta situación, Juan (8)_________ a los negocios. Él y su hermano (9)__________ una nueva empresa de ordenadores, donde por fin (10)___________ el éxito deseado.

C. Ganadores

ESCUCHAR

1. Escucha y completa los textos con los números del recuadro. 2

15 – ~~1889~~ – 2000 – 16 – 5 – 1933 – 1980 21 – 1964 – 1995 – 1991 – 1945

GABRIELA MISTRAL, ganadora del Premio Nobel de Literatura.
Nació en Chile en (1) *1889*. Dedicó más de (2)____ años de su vida a la enseñanza. Desde (3)____ representó a su país como cónsul en Madrid, Lisboa y Los Ángeles. Su poesía ha sido traducida a muchos idiomas. En (4)____ recibió el Premio Nobel de Literatura.

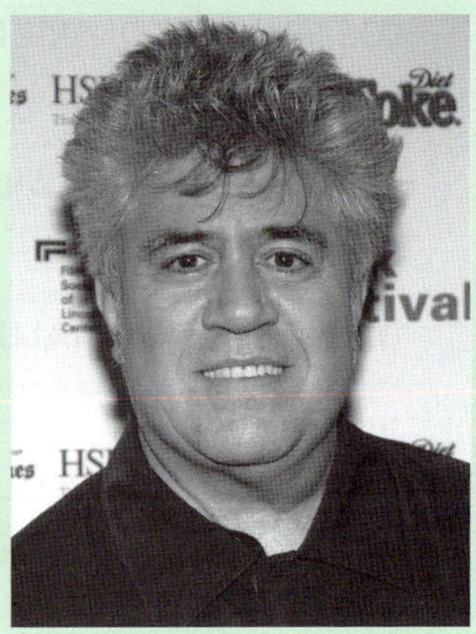

PEDRO ALMODÓVAR, ganador de un Oscar.
Desde que Pedro Almodóvar dirigió su primera película en (5) ____ , se convirtió en uno de los directores más importantes del cine español. Dirigió más de (6)____ películas, hasta que en el año (7)____ consiguió el Oscar de Hollywood por su obra *Todo sobre mi madre*.

MIGUEL INDURÁIN, ganador del Tour de Francia.

Miguel Induráin, el famoso ciclista español, nació en Navarra en (8)____ . Comenzó su carrera de triunfos con su victoria en la Vuelta a España con sólo (9)____ años. Más tarde consiguió (10)____ Tours de Francia consecutivos entre (11)____ y (12)____ .

2. Lee los textos otra vez y contesta las preguntas.

1. ¿En qué ciudades trabajó como cónsul Gabriela Mistral?
   ____
2. ¿Cuándo ganó el Premio Nobel de Literatura?
   ____
3. ¿Con qué película ganó Almodóvar el Oscar?
   ____
4. ¿De dónde es Induráin?
   ____
5. ¿Cuántos años tenía cuando ganó la Vuelta a España?
   ____

3. Completa las siguientes frases con las preposiciones del recuadro.

por – desde (x 2) – de – hasta – ~~en~~ (x 3)

1. *En* 1995 recibió el Premio Cervantes.
2. El 15 ___ marzo cumplió 47 años.
3. Ayer ____ la tarde recibieron la llamada.
4. ___ verano vamos a ir a la playa.
5. ______ el año pasado no hemos vuelto al pueblo.
6. ______ 1980 ______ el año 2000 Joaquín vivió en Estados Unidos.
7. ___ marzo llovió mucho.

4. Escribe una relación de las cosas que hiciste ayer.

1. *Ayer leí el periódico.*
2. ______________________________
3. ______________________________
4. ______________________________
5. ______________________________
6. ______________________________
7. ______________________________
8. ______________________________
9. ______________________________
10. ______________________________

5. Contesta las siguientes preguntas escribiendo los números completos. Busca la información en los distintos textos de la unidad.

1. ¿En qué año nació Cervantes?
   En mil quinientos cuarenta y siete.
2. ¿En qué año llegó el hombre a la Luna?
   ____
3. ¿En qué año ganó Almodóvar el Oscar de Hollywood?
   ____
4. ¿En qué año comenzó la Revolución Francesa?
   ____
5. ¿En qué año consiguió Induráin su último Tour de Francia?
   ____

2

Practica más 1

Unidades 1 y 2

1. Relaciona.

1. igual	a. horrible
2. amable	b. débil
3. preciosa	c. incompleto
4. fuerte	d. diferente
5. dulce	e. sucio
6. completo	f. antipático
7. caro	g. barato
8. limpio	h. salado

2. Lee esta información sobre Lucía y escribe frases similares sobre ti mismo.

1. A Lucía le gusta el baloncesto, pero no le gusta el fútbol.
   A mí me gustan todos los deportes.
2. Lucía duerme todos los días 9 horas, desde las once de la noche hasta las ocho de la mañana.
   ____
3. Lucía trabaja de dependienta en una perfumería y le encanta su trabajo.
   ____
4. Vive con otras dos compañeras en un piso alquilado.
   ____
5. Después de salir del trabajo va a un gimnasio.
   ____
6. Los fines de semana sale con sus amigos y se acuesta muy tarde. Los domingos va a comer con sus padres.
   ____
   ____
7. Le gusta bailar en la discoteca, ver la tele, comprarse ropa moderna. No le gusta nada leer.
   ____
   ____

3. Completa con las preposiciones adecuadas: *de / a / desde / hasta / con / en / por*.

Quique trabaja (1) *en* la cafetería (2)______ la escuela. (3)______ lunes (4)______ viernes. Abre (5)______ las ocho (6)______ la mañana y cierra (7)______ las ocho de la tarde. Descansa dos horas, (8)______ las tres (9)______ las cinco. (10)______ la mañana sirve muchos desayunos: café (11)______ leche y churros, y hace un zumo (12)______ naranja buenísimo. (13)______ mediodía sirve bocadillos y platos combinados y (14)______ la tarde sirve otra vez café (15)______ leche y bollos (16)______ los profesores y estudiantes. La gente le cuenta sus problemas y él escucha (17)______ todo el mundo.

4. Forma frases.

1. A Ángel / encantar / el chocolate.
   A Ángel le encanta el chocolate.
2. Susana y Jorge / casarse / el domingo.
   ____
3. ¿Cómo / quedar / estos pantalones / a mí?
   ____
4. Yo / no encontrarse / bien / hoy.
   ____
5. ¿Qué / pasar / a tu mujer?
   ____
6. ¿Tú / ponerse / faldas cortas?
   ____

7. Mis hijos / bañarse / en el río.

____

8. ¿Qué / parecer / a vosotros / el plan?

____

5. Completa la biografía de Salvador Dalí con los verbos del recuadro. Utiliza el pretérito indefinido.

~~nacer~~ – celebrar – estudiar – conocer (x 2)
empezar – recibir – vivir – pintar – crear
morir – volver

SALVADOR DALÍ

El pintor (1) **nació** en Figueras (Girona), el 11 de mayo de 1904. (2)_________ Bellas Artes en Madrid, donde (3)_________ a García Lorca y Buñuel. (4)_________ sus primeros cuadros surrealistas en 1927 y en 1929 (5)_________ su primera exposición en París. En los años treinta su estilo (6)_________ el nombre de *paranoico-crítico* porque pretendía explorar el carácter ambiguo de la realidad. En 1929 (7)_________ a Gala, su gran amor y (8)_________ a vivir con ella en Cadaqués, en la Costa Brava.

Desde 1939 hasta 1945 (9)_________ fuera de España y fue su etapa surrealista más creativa. A partir de 1945 (10)_________ a Cadaqués, pero su obra era conocida en casi todo el mundo. En 1974 (11)_________ un museo en Figueras donde se hace un recorrido por toda su obra. Sus pinturas más conocidas son: *La cesta de pan, El Cristo de San Juan de la Cruz, Muchacha asomada a la ventana.* (12)_________ en Cadaqués en 1989.

6. Completa esta entrevista a un cantante. Utiliza los verbos del recuadro en pretérito indefinido.

ganar – ~~nacer~~ (x 2) – pagar
cantar (x 2) – estudiar – empezar
ser (x 2) – irse – estar

ENTREVISTADOR: David, ¿dónde (1) *naciste*?
DAVID: Yo (2)_________ en Valladolid.
ENTREVISTADOR: ¿Qué (3)_________?
DAVID: Con doce años (4)_________ a estudiar Canto en el Conservatorio de Valladolid y luego (5)_________ a Madrid, al Conservatorio Superior de Música.
ENTREVISTADOR: ¿Dónde y cuándo (6)_________ en público por primera vez?
DAVID: La primera vez que (7)_________ solo fue en las fiestas de un pueblo, pero no me (8)_________ nada. Durante cinco años (9)_________ cantando en un coro para ganar dinero.
ENTREVISTADOR: ¿Cuál (10)_________ tu primer éxito?
DAVID: Mi primer éxito (11)_________ el disco *Canción de amor* que (12)_________ el premio al cantante más joven de España en 1982.

7. Escribe la tilde en las palabras que la necesitan.

1. Ayer Carmen no *cenó*.
2. Eduardo volvio de Peru el sabado.
3. ¿Cuanto te costo el frigorifico nuevo?
4. Celia dejo Cuba y se instalo en EE UU.
5. El avion de Rosa llego con retraso.
6. Carlos Gardel tuvo mucho exito entre las mujeres.
7. ¿Cuando murio Carlos Gardel?
8. Ayer no compre bastantes limones.
9. ¿Donde nacio Salvador Dali?
10. ¿Cual fue la ultima obra de Dali?

3

A. La boda de Pili

1. Lee el artículo y contesta las preguntas.

El príncipe Felipe. Nacido para reinar

El príncipe Felipe nació en Madrid el 30 de enero de 1968 y es el tercer hijo de los Reyes de España. Tiene dos hermanas, la infanta Elena (1963) y la infanta Cristina (1965), pero él es el heredero de la Corona, porque en España los varones preceden a las mujeres en la línea de sucesión al Trono.

Sus padrinos en el bautizo fueron su abuelo, el Conde de Barcelona y su bisabuela, la reina Victoria Eugenia de Battemberg, y le pusieron los nombres de Felipe Juan Pablo Alfonso y de Todos los Santos, según una costumbre griega.

Desde que empezó a andar, ha aparecido con frecuencia en los medios informativos junto a sus padres, los Reyes. Era un niño rubio, disciplinado y normal. Actualmente es un hombre serio, introvertido y con gran sentido del humor. Dicen que se parece a su madre, la reina Sofía, y a su abuelo, el rey Pablo de Grecia.

En 1986, a los 18 años, comenzó su formación militar, que duró dos años. Luego, de octubre de 1988 a junio de 1993, estudió Derecho en la Universidad Autónoma de Madrid. Posteriormente realizó estudios de postgrado en Estados Unidos.

En su tiempo libre practica la vela y el esquí, como deportes favoritos. Fue miembro de la selección olímpica de vela en los Juegos de Barcelona '92.

El 22 de mayo de 2004 se casó con la periodista asturiana doña Letizia Ortiz. La boda fue el acontecimiento social más importante del año.

1. ¿Dónde y cuándo nació el Príncipe?
2. ¿Cuál es su nombre completo?
3. ¿Qué carácter tiene?
4. ¿Qué deportes prefiere?
5. ¿Qué profesión tenía la que ahora es su esposa?

2. Vuelve a leer el artículo y di si las afirmaciones siguientes son verdaderas o falsas.

1. Los hijos de los Reyes que no son herederos al Trono reciben el título de Infante o Infanta. [V]
2. En España, el primer hijo o hija de los Reyes es el heredero de la Corona. [ ]
3. No aparece mucho en la televisión, revistas, etc. [ ]
4. Tiene formación militar e intelectual. [ ]
5. Le gusta mucho la vela. [ ]

3. Encuentra cinco palabras referidas a relaciones familiares.

S	A	H	E	R	M	A	N	A
L	I	M	U	P	E	C	L	Ñ
B	U	P	A	D	R	E	V	M
O	K	I	T	R	U	J	X	Z
B	I	S	A	B	U	E	L	O
E	R	D	A	M	U	G	Q	U
M	A	D	L	E	P	A	T	I

3

4. Paloma y Jesús están en la boda de Pili y Carlos hablando con una amiga de la familia. Escucha la conversación y señala si las frases siguientes son verdaderas o falsas. 3

1. Paloma y Jesús son hermanos de la novia. V
2. Paloma vive en Madrid. ☐
3. Jesús está soltero. ☐
4. Jesús vive en las Islas Baleares. ☐
5. Paloma tiene tres hijos. ☐
6. Jesús tiene novia. ☐
7. La madre de la novia de Jesús está enferma. ☐

B. ¿Cómo te ha ido hoy?

1. Completa con las formas correctas del pretérito perfecto.

VIAJAR	CONOCER
Yo *he viajado*	Yo ______
Tú ______	Tú *has conocido*
______	______
______	______
______	______
______	______

VIVIR	DIVERTIRSE
Yo ______	Yo *me he divertido*
Tú ______	Tú ______
Él / ella *ha vivido*	______
______	______
______	______
______	______

VOLVER	VER
Yo ______	Yo ______
Tú ______	Tú ______
______	______
Nosotros *hemos vuelto*	Nosotros *hemos visto*
______	______
______	______

2. Escribe frases en pretérito perfecto, como en el ejemplo.

1. Ramón / conocer / a una chica.
   Ramón ha conocido a una chica.
2. Nosotros / vivir / en Mallorca un año.
   ______
3. ¿(Tú) / ver / la última de Almodóvar?
   ______
4. Nunca / (yo) / estar / en Argentina.
   ______
5. Mi hermano / pasar / por mi casa esta mañana.
   ______
6. Elena / ya / irse / a la cama.
   ______
7. ¿(Vosotros) / tener / problemas con el pasaporte?
   ______
8. Mis vecinos / llamar / a la policía, porque / ver / a un ladrón en la escalera.
   ______
9. Esta mañana / (yo) / no afeitarse.
   ______
10. La Sra. Pérez / estar / dos veces en el hospital.
    ______
11. Juan / no hacer / la cama hoy.
    ______

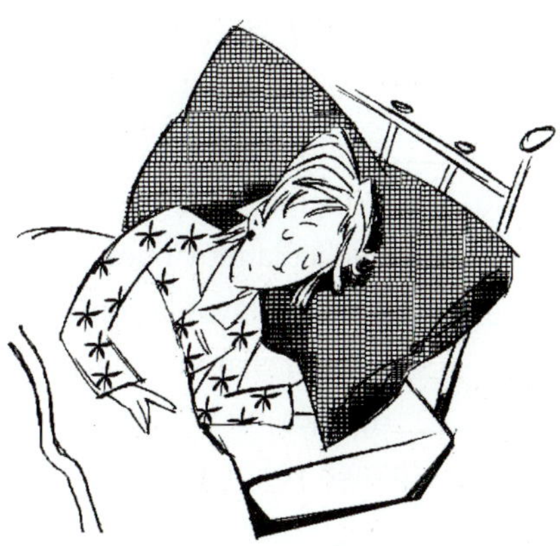

3. Forma frases con un elemento de cada columna, como en el ejemplo.

Esta mañana
Esta tarde
Hoy
Este mediodía
Este verano
Esta noche

comer
viajar
desayunar
salir (nosotros)
ir
ver
estar

café y tostadas
de casa
una película muy buena
en taxi a la oficina
por Centroamérica
con mi familia
en el parque

1. *Este verano he viajado por Centroamérica.*
2. ______________________________
3. ______________________________
4. ______________________________
5. ______________________________
6. ______________________________
7. ______________________________

4. Escribe los verbos entre paréntesis en la forma adecuada del presente o pretérito perfecto.

1. Normalmente, Paloma *llega* (llegar) temprano a la escuela, pero hoy *ha llegado* (llegar) tarde.
2. A. ¿Qué tal el día?
   B. Estoy cansado, ________ (trabajar, yo) mucho.
3. A. ¿A qué hora ________ (salir, tú) de casa normalmente?
   B. Normalmente ________ (salir, yo) a las ocho, pero hoy ____________ (salir, yo) a las nueve.
4. Todos los días __________ (comer, nosotros) en casa, pero hoy ________ (ir, nos.) a un restaurante.
5. Los domingos no ______ (ver, nos.) la tele, pero hoy ____ (ver, nos.) una película muy buena.
6. Esta semana ___________ (hacer, yo) la comida. Normalmente la _____ (hacer, ella) mi madre.
7. A. Antonio, ¿ ________ (poner, tú) la mesa?
   B. Sí, ya la ________ (poner, yo), mamá, ya podemos comer.

5. Elige el tiempo apropiado (pretérito perfecto o pretérito indefinido).

conocer (x 2) – enamorarse – encontrar
hablar – tener – ver – decidir – ~~llegar~~

Mi familia (1) **llegó** / *ha llegado* a España de la India en los años 70. Mi padre es muy tradicional y cree en los matrimonios concertados. Por eso, me (2) *ha encontrado* / *encontró* un marido cuando yo (3) *tenía* / *he tenido* nueve años. Se llama Rabí.

Ahora tengo 16 años y este año (4) *vi* / *he visto* a Rabí por primera vez. En los últimos meses nos (5) *vimos* / *hemos visto* dos veces.

Es una situación muy difícil porque yo ya tengo novio. Nos (6) *hemos conocido* / *conocimos* en mi última fiesta de cumpleaños y nos (7) *enamoramos* / *hemos enamorado*. Esta mañana (8) *hablé* / *he hablado* con mi madre y las dos (9) *hemos decidido* / *decidimos* decírselo a mi padre esta noche.

6. Lee el texto de *Leo Verdura* y contesta las preguntas.

1. ¿De dónde ha regresado Raad?
____
2. ¿A quién ha conocido?
____
3. ¿Dónde la ha conocido?
____
4. ¿En qué trabaja?
____
5. ¿Cuántos años tiene?
____
6. ¿Cuál es la conclusión?
____

C. ¿Qué te chocó más al llegar a España?

1. Mira el cartel anunciador y haz frases con *no se puede* y *hay que*, como en el ejemplo.

PISCINA **SOL Y AGUA**
(normas de funcionamiento)

No jugar a la pelota

No correr por las instalaciones

No empujarse en el bordillo

Usar gorro de baño

Ducharse antes de entrar al agua

Usar gafas de baño

1. *No se puede jugar a la pelota.*
2. ______________________________
3. ______________________________
4. ______________________________
5. ______________________________
6. ______________________________

2. ¿Qué hay que hacer y qué no hay que hacer el día antes de un examen?

1. *No hay que* acostarse tarde.
2. __________ repasar.
3. __________ salir por la noche.
4. __________ dormir ocho horas.
5. __________ ver la televisión hasta muy tarde.
6. __________ ponerse nervioso.

3

4

A. Un lugar para vivir

1. Ordena las frases.

1. comprar / gustaría / Nos / un / en / playa / la / piso
   Nos gustaría comprar un piso en la playa.
2. trabajo /cambiar / Lola / gustaría/ de / A / le
   ____
3. marido / en / orquesta / gustaría / le / A / mi / trabajar / una
   ____
4. ¿gustaría / a / ver / película / ir / Te / una ?
   ____
5. ¿le / A /Vd. / coche / de / gustaría / cambiar?
   ____
6. ganar / gustaría / Me / dinero / más
   ____
7. ¿de / ir / Os / vacaciones / a / gustaría / Mallorca?
   ____

ESCUCHAR

2. Roberto es estudiante y está buscando piso. Escucha y completa la conversación. 4

A. Buenos días, ¿en qué puedo ayudarte?
B. _________ , estoy buscando un piso o un apartamento de alquiler para _________ .
A. ¿Lo quieres muy céntrico o en un barrio?
B. Mejor _________ , es que me gusta salir _________ y no me gustan los autobuses.
A. Sí... bueno, aquí tenemos un apartamento de _________________ , muy cerca de la plaza Mayor, reformado.
B. ¿________ ese?
A. Son _________€ al mes.
B. ¡Qué barbaridad! ¿No tienen otros _________?
A. Sí, claro, pero no están en el centro, _________ o el metro para llegar al centro. Aquí hay uno a ______ € al mes.
B. Ese está bien. ¿Dónde está?
A. En Getafe, a _________ km de Madrid. Pero está muy bien _________ .
B. ¿En Getafe? Bueno, creo que lo pensaré y volveré _________ .

3. Escribe el nombre correspondiente.

1. El lugar donde se guarda el coche.
   Garaje.
2. La habitación donde se hace la comida.
   ____
3. ¿Dónde duermes?
   ____
4. El lugar donde hay un sofá, un sillón y donde puedes ver la tele.
   ____
5. Donde hay una mesa y varias sillas para comer, normalmente.
   ____
6. ¿Dónde te duchas?
   ____

4. Sopa de letras. Encuentra 9 nombres de cosas de casa.

M	R	P	B	C	U	H	O	Y
Q	E	R	X	A	V	O	N	L
A	L	F	O	M	B	R	A	D
R	A	N	F	A	S	N	T	U
M	V	S	I	L	L	O	N	C
A	A	Q	P	Y	R	E	N	H
R	B	X	N	E	V	E	R	A
I	O	M	E	T	R	U	P	Ñ
O	N	S	I	L	L	A	U	C

B. ¿Qué pasará dentro de 20 años?

ESCUCHAR

1. Es Nochevieja y Adrián está decidido a cambiar su vida en Año Nuevo. Escucha y señala V o F.

5

1. Sólo saldrá los fines de semana.	V
2. No irá a clase todos los días.	
3. Los fines de semana no se levantará temprano.	
4. No comerá bocadillos ni tonterías.	
5. Discutirá más con sus padres.	
6. Copiará en los exámenes para aprobar.	
7. Ayudará en las tareas de la casa.	
8. Verá más la tele.	
9. Ya hizo la misma lista el año pasado.	

2. Completa las frases con el futuro de los verbos entre paréntesis.

HOTEL SOL Y PLAYA

El más moderno de la costa

☆ 3 piscinas climatizadas
☆ campo de golf
☆ aire acondicionado
☆ cerca del aeropuerto

Inauguración el próximo mes de junio

1. Este hotel (ser) *será* el más grande de la costa mediterránea.
2. El hotel se (abrir) _______ en el mes de junio.
3. (haber) ______ tres piscinas climatizadas.
4. Los clientes (poder) ________ jugar al golf.
5. Las habitaciones (tener) _______ aire acondicionado.
6. El hotel (estar) _______ cerca del aeropuerto.

3. Completa los siguientes titulares del periódico con los verbos del recuadro en futuro.

repartir – pasar – viajar – llover – venir
votar – firmar – poder – ~~hablar~~

4.

1. El presidente del Gobierno hablará mañana por televisión.

2. Los sindicatos ___________ un nuevo acuerdo con las empresas.

3. La Cruz Roja __________ ayuda entre los heridos.

4. El año próximo cinco astronautas ________ de nuevo a la Luna.

5. Los extranjeros sin trabajo no ______ entrar en el país.

6. En los próximos días _________ en el norte del país.

7. El 75% de los europeos ________ en las próximas elecciones.

8. Maradona _______ a la historia del fútbol como el n.° 1 de todos los tiempos.

9. El próximo verano ________ más de un millón de turistas a las costas españolas.

4

Relaciona las acciones (1-6) con sus resultados (a-f). Después haz frases como en el ejemplo.

1. (nosotros) / fumar en el autobús [c]
2. el jefe / subir el sueldo a Alberto [ ]
3. el despertador / no sonar [ ]
4. mi hija / ir a la universidad [ ]
5. hacer buen tiempo [ ]
6. (vosotros) / ir a Granada [ ]

a. (yo) / levantarse tarde
b. (vosotros) / ver la Alhambra
c. los viajeros / protestar
d. (ella) / estudiar Informática
e. (él) / comprarse un coche nuevo
f. (nosotros) / ir a dar un paseo

1. *Si fumamos en el autobús, los viajeros protestarán.*
2. ________________________________
3. ________________________________
4. ________________________________
5. ________________________________
6. ________________________________

5. Pon el verbo en presente o en imperativo.

1. Si quieres entrar en el concierto, (no olvidarse) *no te olvides* de la entrada.
2. Si no llego puntual, Joana (enfadarse) ________________ .
3. Si venís con nosotros, (darse) ____________ prisa.
4. Si conduzco por la noche, (cansarse) ___________ mucho.
5. Si tienes frío, (cerrar) ___________ la ventana.
6. Si vais al teatro, (llamar) ________ a Luis por teléfono.
7. Si me llama por teléfono, (ir) ________ juntos al cine.
8. Si no llevas el paraguas, te (mojar) ___________ .

6. Lee el texto sobre el horóscopo y contesta las preguntas.

HORÓSCOPO

VIRGO: Usted tendrá muchos problemas próximamente. Si no encuentra solución, pida ayuda.

ARIES: Si sus intenciones son buenas, el destino le premiará. Pero si sólo busca su propio interés, se le cerrarán todas las puertas.

TAURO: Sus relaciones familiares atraviesan un momento complicado. No tenga miedo al futuro. Se encontrará mejor si practica algún deporte.

GÉMINIS: Esta semana no será buena para los negocios. Si se esfuerza en el trabajo sus jefes le felicitarán.

CÁNCER: Tendrá deseos de adquirir conocimientos. El dinero le traerá problemas.

LEO: Buen momento con su pareja. Si no tiene, la encontrará esta semana.

1. ¿Qué hará Virgo si no encuentra solución a sus problemas?

____

2. ¿Qué les sucederá a los Aries con buenas intenciones?

____

3. ¿Qué deberá hacer Tauro para sentirse mejor?

____

4. ¿Qué tipo de problemas tendrán Géminis y Cáncer?

____

5. ¿Qué encontrarán los Leos solitarios esta semana?

____

C. ¿Quién te lo ha regalado?

1. Completa el siguiente cuadro de pronombres.

Sujeto	Obj. directo	Obj. indirecto
Yo		
	Te	
		Le / Se
Nosotros/as		
	Os	
	Los / Las	

2. Contesta como en el ejemplo.

1. A. ¿Le has dado el libro a la profesora?
   B. *No, se lo daré mañana.*
2. A. Le has contado a tu madre lo que ha pasado?
   B. No, _________________ contaré mañana.
3. A. ¿Le has llevado la merienda a Rosalía?
   B. No, _________________ más tarde.
4. A. ¿Le has devuelto el coche a Óscar?
   B. No, _________________ el sábado.
5. A.¿Le has explicado a Julia lo que tiene que hacer?
   B. No, _________________ esta noche.
6. A. ¿Te han dado las notas?
   B. No, _________________ el lunes.
7. A. ¿Te ha dado la receta el médico?
   B. No, _________________ mañana.
8. A ¿Les has comprado un helado a los niños?
   B. No, _________________ después de comer.
9. A. ¿Os han dado ya los papeles de residencia?
   B. No, _________________ el mes que viene.
10. A.¿Os han traído ya las bebidas?
    B. No, _________________ ahora mismo.

3. Completa las frases con el pronombre correcto.

1. Mi mujer trabaja cerca de mi oficina. Yo siempre *la* llevo en coche.
2. Ese libro me interesa. ¿Me ___ prestas?
3. Vamos a tomar algo, ___ invito.
4. ¿___ sabes conducir?
5. ¡No hagáis ruido! ___ lo pido por favor.
6. ¡Qué pendientes tan bonitos! ¿Quién ___ ___ ha regalado?
7. He perdido mis gafas, ¿___ has visto?
8. Iban demasiado deprisa y la policía ___ puso una multa.
9. ___ juego al golf mejor que tú.
10. ¿___ has pedido el dinero a tu padre?, ___ necesitamos ya.

4. Sustituye los nombres por los pronombres correspondientes.

1. Dame el libro. *Dáme***lo**.
2. Estudia los verbos. ____________ .
3. Regálale ese anillo a Rosa. ____________ .
4. Tráeme las llaves. ____________ .
5. Compra un paquete de folios para Pedro. ____________ .
6. Manda un fax al director. ____________ .
7. Dale las llaves al portero. ____________ .

4

3 4 Practica más 2

Unidades 3 y 4

1. Completa con *ser* o *estar*.

1. Antonio *está* muy ocupado.
2. Mira, ésta ___ mi madre.
3. Julián ______ rubio y Celia, morena.
4. Mis vecinos ____ muy amables.
5. Mis hermanos ______ solteros.
6. Mi abuelo _____ muy enfermo.
7. Mi novia ______ alta y delgada.
8. Mi madre _____ muy nerviosa por la boda de mi hermano.
9. ¿_______ (tú) nervioso por la entrevista?
10. ¿De dónde _____ (vosotros)?

2. Forma diez frases con las palabras de las tres columnas.

1. Mi profesor		divertida
2. Esta fiesta		egoísta
3. Estas películas		grosero
4. Mi vecina		amable
5. Los gatos	ser	aburrido
6. Mi cuñada	estar	triste
7. Yo		tranquilo
8. Mis compañeros		contento
9. Bailar		cariñoso
10. El fútbol		nervioso

1. *Mi profesor es muy amable.*
   Mi profesor está nervioso.
2. ______________________________
3. ______________________________
4. ______________________________
5. ______________________________
6. ______________________________
7. ______________________________
8. ______________________________
9. ______________________________
10. ______________________________

3. Completa la conversación con el pretérito perfecto de los verbos.

A. Belinda, *¿has trabajado* (trabajar) alguna vez como guía turística?
B. No, pero ___________ (trabajar) en una agencia de viajes.
A. ¿__________ (estar) en España?
B. Sí, _________ (estar) en Andalucía y en Baleares, pero no _________ (viajar) por el resto del país.
A. ¿___________ (conocer) a muchos españoles en tus viajes?
B. No, no muchos. Sobre todo ________ (conocer) a muchos turistas.

4. Escribe frases sobre Belinda con la información de la actividad anterior.

1. Guía turística.
   No ha trabajado como guía turística.
2. En una agencia de viajes.
   ____
3. España.
   ____
4. Todo el país.
   ____
5. Conocer a muchos españoles.
   ____

5. Haz frases en pretérito perfecto.

1. Mis padres / acostarse / temprano.
   Mis padres se han acostado temprano.
2. Juan / beberse / toda la leche.
   ____
3. Los niños / romper / el ordenador.
   ____
4. A nosotros / gustar / la película.
   ____
5. Mi novio y yo / estar de vacaciones / en Galicia.
   ____
6. El concierto / empezar / tarde.
   ____
7. La madre de Juan / caerse / por la escalera.
   ____
8. El fontanero / decir / que viene mañana.
   ____
9. ¿(Tú) / acabar de pintar tu casa?
   ____

6. ¿Lo han hecho alguna vez?

1. (Ellos) ir a Marbella.
   ¿Han ido alguna vez a Marbella?
2. (Tú) / ver una corrida de toros.
   ____
3. (Ella) / vivir en el extranjero.
   ____
4. (Vosotros) / ir a un concierto de rock.
   ____
5. (Ellos) / comido gazpacho.
   ____
6. (Tú) / montar en avión.
   ____
7. (Él) / arreglar un enchufe.
   ____

7. Escribe frases usando *me / te / le... gustaría* + infinitivo.

1. Sergio tiene mucha hambre.
   Le gustaría comer una pizza gigante.
2. Miguel y María viven lejos de sus hijos y nietos.
   ____
3. El coche de Alberto tiene 14 años.
   ____
4. Marta vive en un piso pequeño y antiguo.
   ____
5. Nosotros no tenemos mucho dinero.
   ____
6. En mi trabajo actual trabajo mucho y me pagan poco.
   ____

8. Mira los dibujos. ¿Qué predicciones le ha hecho la adivina a María? Haz frases como en el ejemplo.

~~estudiar~~ – comprar – trabajar – tener – viajar

1. *María estudiará en la universidad.*
2. ____________________
3. ____________________
4. ____________________
5. ____________________

9. Escribe frases condicionales como en el ejemplo.

1. Alicia / comprar / coche nuevo / tocar / la lotería.
   Alicia se comprará un coche nuevo si le toca la lotería.
2. Mis amigos / ir / Barcelona / tener / dinero.
   ____
3. (Tú) / sacar / buenas notas / estudiar / mucho.
   ____
4. (Nosotros) salir / de paseo / Juan / llegar / pronto.
   ____

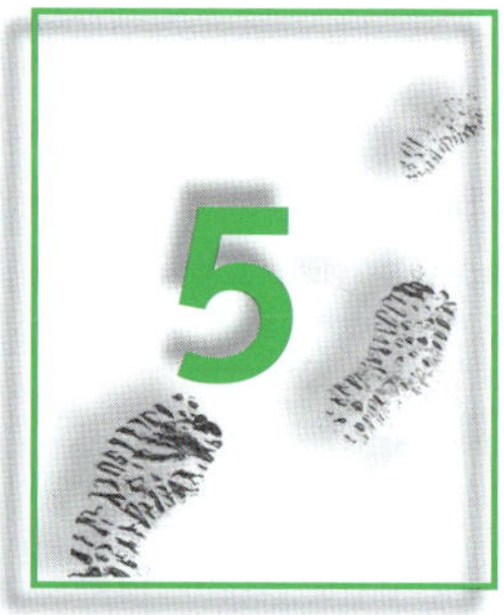

A. No había tantos coches

1. Completa.

CANTAR		TENER	
Yo	*cantaba*	Yo	___
Tú	___	Tú	*tenías*
Él/ella	___	Él/ella	___
Nosotros	___	Nosotros	___
Vosotros	___	Vosotros	___
Ellos/as	___	Ellos/as	___

DORMIR		SER	
Yo	___	Yo	___
Tú	___	Tú	___
Él/ella	___	Él/ella	___
Nosotros	*dormíamos*	Nosotros	___
Vosotros	___	Vosotros	*erais*
Ellos/as	___	Ellos/as	___

2. ¿Qué hacías tú cuando eras más joven? Escribe frases afirmativas o negativas.

1. Hacer natación.
   Yo hacía natación. / Yo no hacía natación.
2. Salir de noche.
   ____
3. Tener moto.
   ____
4. Leer cómics.
   ____
5. Ir a conciertos de rock.
   ____
6. Estudiar en la universidad.
   ____
7. Trabajar en verano.
   ____
8. Viajar al extranjero.
   ____
9. Comer hamburguesas.
   ____

3. Escribe la forma correcta del pretérito imperfecto.

1. En el siglo XIX la gente *viajaba* (viajar) muy poco.
2. Cuando yo era pequeño, los niños ________ (jugar) en la calle.
3. Todos los veranos, mi familia y yo _______ (ir) a casa de mis abuelos.
4. Antes los agricultores _________ (trabajar) de sol a sol.
5. Cuando nosotros _________ (vivir) en la costa, a mí me ________ (gustar) mirar al mar.
6. A principios del siglo XX, en las casas de los pueblos no ______ (haber) agua corriente.
7. Cuando le conocí, Antonio _________ (estudiar) medicina.
8. Hacía diez años que yo no _____ (ver) un eclipse de sol.

4. Completa las frases con la forma adecuada (pretérito imperfecto o indefinido) de los verbos entre paréntesis.

1. Cuando *tenía* (tener) dieciséis años, *fui* (ir) de vacaciones a Mallorca.
2. La primera vez que yo _______ (comer) paella no me ______ (gustar) porque ______ (tener) guisantes.
3. Cuando mi hermana y yo _________ (vivir) en Londres, __________ (conocer) a nuestro amigo Peter.
4. Juan ____ (ir) ayer de compras, pero no _________ (encontrar) lo que estaba buscando.
5. Cuando _______ (estar, yo) en Praga, el hotel _______ (estar) muy lejos del centro.

6. Ayer me ________ (llamar, ellos), pero yo no _______ (estar) en casa.
7. La semana pasada _______ (ir) tres veces al cine.
8. Ayer, cuando _______ (ir, nos.) a recoger a Laura del colegio, _______ (encontrarse, yo) con Vicenta.
9. Anoche Luis _______ (estar) muy cansado y _______ (acostarse) pronto.

5. Completa el texto con las formas verbales adecuadas (pretérito indefinido o pretérito imperfecto).

El otro día, Ana (1) *iba* (ir) en el autobús y (2)____ (ver) a un chico que (3)______ (estar) leyendo un libro. Ana (4)______________ (acercarse) y le (5)_________ (preguntar) el nombre del autor. El chico le (6)________ (contestar) que (7)____ (ser) estudiante de literatura y (8)______ (tener) otros libros del mismo autor. Cuando ellos (9)_______ (bajarse), (10)__________ (estar) charlando durante un buen rato y después (11)______ (quedar) para el día siguiente para prestarse un libro.

ESCUCHAR

6. Escucha a Jaime contando su experiencia en el extranjero y contesta las siguientes preguntas. 6

1. ¿Cuándo se fue Jaime a Inglaterra?
____
2. ¿A qué hora cerraban las tiendas?
____
3. ¿Cómo es el clima en Inglaterra?
____
4. ¿De dónde es Jaime?
____
5. ¿Qué echaba de menos?
____
6. ¿Qué hacían cuando hacía buen tiempo?
____
7. ¿Cómo recuerda esos meses en el extranjero?
____

5

B. Yo no gano tanto como tú

1. Contesta las siguientes preguntas, como en el ejemplo.

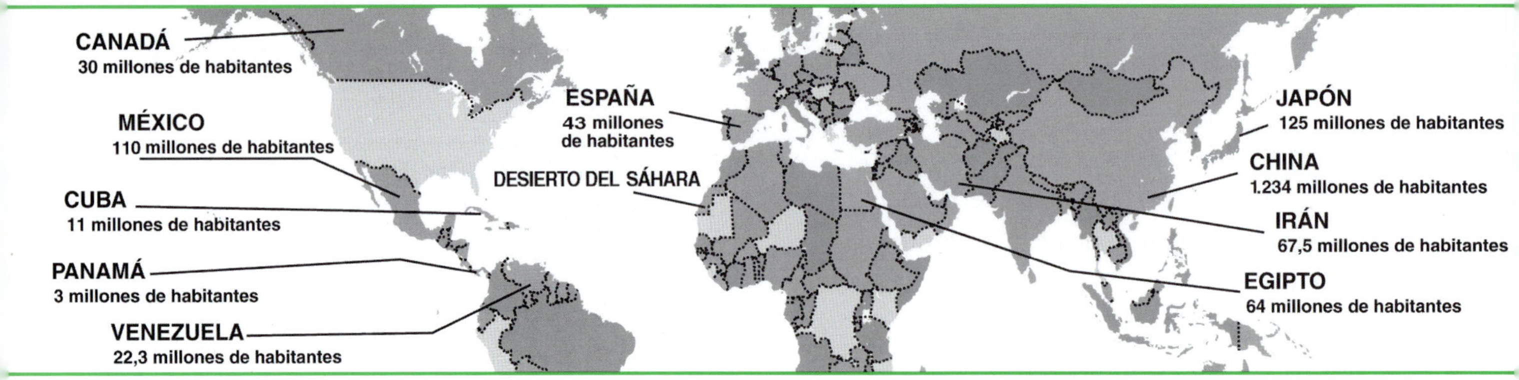

1. ¿Qué país es más grande, México o Panamá?
   México es más grande que Panamá.
2. ¿Dónde hay menos habitantes, en China o en Irán?
   ____
3. ¿Qué está más al sur, Egipto o Japón?
   ____
4. ¿Hace tanto calor en Cuba como en Canadá?
   ____
5. ¿Dónde llueve menos, en Venezuela o en el desierto del Sahara?
   ____
6. ¿Qué país es más pequeño, Cuba o España?
   ____
7. ¿Qué país tiene más población, Egipto o Canadá?
   ____
8. De los países del mapa, ¿cuál tiene menos habitantes?
   ____
9. ¿Cuántos habitantes más tiene España que Canadá?
   ____
10. ¿Cuántos habitantes menos tiene Egipto que Irán?
   ____

2. Elige la respuesta correcta.

1. Sara es *más* alta que su hermana.
   a. tan b. más c. como
2. Andrés es ___ más guapo de la clase.
   a. la b. tan c. el
3. La habitación de Luis es ____ grande como la de Pedro.
   a. tan b. más c. menos
4. El sillón es ____ cómodo que la silla.
   a. el más b. tan c. más
5. Su última película es ______ que la anterior.
   a. mejor b. mayor c. buena
6. Ella es la ______ de sus hermanos.
   a. mejor b. igual c. mayor
7. Fue el _____ partido de la temporada.
   a. peor b. bueno c. malo

3. Escribe frases sobre los planetas, utilizando el superlativo como en el ejemplo.

1. Mercurio / próximo / Sol.
   Mercurio es el planeta más próximo al Sol.
2. Marte / cercano / Tierra.
   ____
3. Plutón / distante / Sol.
   ____
4. Venus / caluroso.
   ____
5. Júpiter / grande.
   ____
6. Mercurio / difícil de ver.
   ____

C. Mi ciudad

1. Elige la frase más parecida al significado original.

1. Ellos viven enfrente de nosotros.
   a. *Su casa está al otro lado de la calle.*
   b. Su casa está torciendo a la izquierda.
2. Juan está sentado al lado mío.
   a. Nadie está sentado entre nosotros.
   b. Alguien está sentado entre nosotros.
3. La casa está cerca de la iglesia.
   a. La casa está a poca distancia de la iglesia.
   b. La casa está a mucha distancia de la iglesia.
4. Juan vive lejos de mi casa.
   a. Entre la casa de Juan y la mía no hay mucha distancia.
   b. Entre la casa de Juan y la mía hay mucha distancia.
5. El jardín está detrás de la casa.
   a. Frente a la casa hay un jardín.
   b. A espaldas de la casa hay un jardín.

2. Busca en la sopa de letras el nombre de ocho medios de transporte.

A	U	T	O	B	U	S	A	C	E
M	B	D	F	I	G	T	R	E	N
H	O	I	K	C	L	N	O	Q	S
A	T	T	U	I	V	Y	A	D	F
V	G	A	O	C	H	J	L	M	M
I	N	X	O	L	P	R	T	E	U
O	V	I	X	E	Y	A	F	T	G
N	H	A	U	T	O	C	A	R	I
J	L	N	P	A	Q	S	U	O	V
Z	X	C	V	B	N	M	O	Q	W

LEER

3. Lee el siguiente artículo de prensa. Después contesta las preguntas.

Atascos kilométricos en el regreso de vacaciones de Semana Santa

La operación retorno de Semana Santa que acaba hoy, provocó ayer atascos de hasta 30 kilómetros, principalmente en las carreteras de entrada a Madrid, Barcelona y Sevilla. Además, la lluvia, el hielo y la niebla hicieron más difícil la circulación en carreteras del sur y el norte de España.

Salieron a la carretera más coches de lo esperado, debido a que había huelga de autocares.

Por otra parte, los vuelos funcionaron con normalidad en el aeropuerto de Barajas. No se produjeron retrasos destacables. Más de mil aviones tomaron parte en la operación retorno en este aeropuerto, transportando a un total de 170.000 pasajeros.

(Adaptado de *EL PAÍS*)

1. ¿Cuándo se produjeron los problemas de tráfico?
2. ¿Dónde se produjeron los atascos más importantes?
3. ¿Qué circunstancias meteorológicas complicaron la operación retorno?
4. ¿Qué problema laboral complicó aún más la operación retorno?
5. ¿Qué medio de transporte funcionó con toda normalidad?

5

1. ¿Por quién tienes que preguntar si quieres ayudar en el periódico de la universidad?

___

2. ¿Dónde está el piso para compartir?

___

3. ¿Qué quiere Daniel?

___

4. ¿Para qué quieren la ropa antigua de mujer?

___

5. ¿En qué anuncio ofrecen ventajas a los alumnos de la universidad?

___

6. ¿Cómo están las botas de esquí?

___

7. ¿Por quién hay que preguntar si quieres compartir el piso?

___

8. ¿Dónde puedes encontrar a Sara?

___

A. Segunda mano

1. Lee los anuncios y busca la información.

TABLÓN DE ANUNCIOS
El Universitario

SE VENDEN COCHES NUEVOS Y SEMINUEVOS. MERCADO DE OCASIÓN. TELÉFONO: 616 20 37. PRECIOS ESPECIALES PARA LOS ALUMNOS DE LA UNIVERSIDAD.

Compro impresora de segunda mano. Preguntar por Daniel en el aula 327 del edificio B (mañanas).

Compro ropa de mujer de los años 60 y 70 para una obra de teatro. Preguntar por Rodolfo en el teléfono 93 660 80 98

Buscamos chico o chica para compartir piso. Habitación con baño, balcón y calefacción, muy cerca de la universidad. Interesados llamar al 91 984 67 98 y preguntar por Bea.

Si te interesa colaborar con el periódico de la universidad, puedes hacerlo. Pregunta por Carmen en el aula 214 o por Sara en el aula 218 del edificio B, por las mañanas. También puedes pasarte por el periódico.

Vendo botas de esquí. Marca Nórdica, del año 2003, poco usadas. 65 euros. Llamar al teléfono 91 693 76 96 por las tardes y preguntar por Marcos.

2. Imagina que necesitas los siguientes objetos. ¿En qué sección de *Segunda Mano* tienes que buscarlos?

un frigorífico – una cámara digital
un piano – un coche – un piso de alquiler
una moto – un lavavajillas
una guitarra eléctrica – una cama
un ordenador – un CD de Enrique Iglesias
un bonsái – un acuario

MOTOR: ___
___

INMOBILIARIA: ___
___

INFORMÁTICA: ___
___

IMAGEN Y SONIDO: ___
___

CASA Y HOGAR: ___
___

B. En la compra

1. Completa con los nombres de frutas y verduras. Hay una palabra vertical escondida.

			P		A		A	N	O	
P		M								
		N						A		
		L						A		
		M						T		N
			P		R					
		C						O		
			U		A					

2. Relaciona.

1. ¿Desea algo más? [C]
2. ¿Cuánto es todo? [ ]
3. Quería una lechuga. [ ]
4. ¿Tiene pimientos? [ ]
5. Buenos días, ¿qué desea? [ ]
6. ¿Puede darme una bolsa? [ ]

a. Son 10,20 euros.
b. Sí, me quedan algunos, ¿cuántos quiere?
c. No, gracias, nada más.
d. Quería un kilo de naranjas.
e. Sí, claro, tenga.
f. Lo siento, no me queda ninguna.

3. Completa las preguntas con un indefinido: *algún, alguno, alguna, ninguno, nadie, nada...* Contesta siempre negativamente.

1. ¿Hay *algún* pimiento en el frigorífico?
   No, no hay *ninguno.*
2. ¿Queda ________ lechuga para hacer ensalada?
   ____.
3. ¿Hay ________ cine cerca de tu casa?
   ____.
4. ¿Desea ________ más?
   No, ______________________________ gracias.
5. ¿Ha llamado ________ por teléfono?
   No, ____________________________________.
6. ¿Tienes aquí ________ foto de tus padres?
   ____.
7. ¿Quieres tomar ________?
   ____.
8. ¿Tienes ________ libro de yoga?
   ____.
9. ¿Esperas a ________?
   ____.
10. ¿Has comprado ________?
   ____.

4. De las frases siguientes, siete son incorrectas. Encuentra cuáles son y corrígelas.

1. No hay *ninguno* limón en el frigorífico.
   I. *ningún limón*.
2. ¿Tienes algún disco de Enrique Iglesias?
3. ¿Hay algunas botella de agua en la nevera?
4. ¿Vive algún en el piso de arriba?
5. ¿Ha venido alguno a casa?
6. ¿Alguien ha visto mis gafas?
7. ¿Hoy no ha llamado nada por teléfono?
8. ¿Alguien ha visto nada del accidente?
9. ¿Algún de vosotros sabe algo?

6

C. Cocina fácil

1. Clasifica los platos en su lugar correspondiente de la carta.

cordero asado – ensaladilla rusa
merluza – lomo de cerdo
menestra de verdura – sopa castellana
fruta del tiempo – agua mineral – helado
vino – ternera – tarta – flan

Primer plato

____
____
____

Segundo plato

____
____
____

Postre

____
____
____

Bebidas

____
____
____

ESCUCHAR

2. Completa la conversación en el restaurante.

CAMARERO: ¿(1) *Qué* van a tomar?
SEÑORA: Yo (2)________ quiero sopa castellana.
SEÑOR: Y yo (3)________ menestra de verdura.
CAMARERO: Muy bien, ¿y de (4)________?
ELLA: ¿Qué tal (5)________ el cordero?
CAMARERO: Riquísimo, (6)________ de Segovia.
ELLA: Pues (7)________ tomaré cordero.
ÉL: Yo prefiero pescado, tomaré (8)________
CAMARERO: Muy bien, ¿y (9)________?
ÉL: Para beber póngamos (10)__________ de vino de la casa y una botella de agua (11)________, por favor.
CAMARERO: ¿Vino (12)________ o tinto?
ÉL: Carmen, ¿tú (13)________ prefieres?
ELLA: Tinto, mejor ¿no?
ÉL: Sí, una botella de (14)________ tinto.
CAMARERO: Muy bien, ahora mismo.

3. Escucha y comprueba. 7

4. Completa las frases impersonales con los verbos del recuadro.

se puede – se habla – se escribe
se cuecen – se ve – se sirve – se toma
se pronuncian – se oye – ~~se cena~~ – se ve

1. En España *se cena* muy tarde, a las diez.
2. Aquí no ____________ fumar.
3. Los macarrones ____________ en agua caliente.
4. ¿*Huevo* ____________ con h o sin h?
5. La carne __________ con patatas fritas o ensalada.
6. Profesora, ¿puede hablar más alto? Aquí no ____________ nada.
7. Cuidado con la niebla, no ____________ nada.
8. Pablo, cállate, no ____________ con la boca llena.
9. Con el pescado ____________ vino blanco.
10. La *b* y la *v* ____________ igual
11. Paco, la tele no ____________ bien, ¿qué le pasa?

5. Lee el artículo y complétalo con las palabras del recuadro.

refrescos – ~~rito~~ – en – de – tapas – son que – mayores – julio – acompañar variedad – gambas – hay – estudio boquerones – Andalucía

Las preferencias de verano de los andaluces

El queso, las aceitunas y el jamón son las tapas favoritas de los andaluces a la hora del aperitivo.

Tomar el aperitivo es un (1) *rito* social importante en Andalucía. Para celebrar ese rito (2)______ verano, las (3)______ preferidas por los andaluces (4)_____ el queso, las aceitunas y el jamón, acompañadas de una cerveza fresquita. Así lo afirma un (5)________ realizado por la empresa Quota Unión/Sigma Dos a principios de (6)______ sobre una muestra de 1.000 personas (7)______ de 18 años.

Los datos (8)__________ la encuesta revelan (9)________ las tapas más mencionadas por los encuestados son el queso, las aceitunas y el jamón, seguidas por las (10)_________ (30%), las patatas ali-oli, la tortilla, los (11)______, el chorizo y la paella, en este orden.

A la hora de (12)______ a las tapas, la bebida preferida por casi todos los encuestados es la cerveza, seguida de los (13)________, el vino y los zumos.

En (14)______ es donde se encuentra el origen del término tapa (porción de comida que tapaba los vasos de vino en las tabernas del sur de España). La gran cantidad de bares y cafeterías que (15)______ en toda España permiten disfrutar de una gran (16)______ de tapas y raciones.

(Adaptado de *EL PAÍS*)

Aperitivos	
Queso	40%
Aceitunas	39%
Jamón	38%
Gambas	30%
Patatas ali-oli	22%
Tortilla	20%
Boquerones	17%
Calamares	17%
Chorizo	15%
Paella	14%
Pulpo	10%

Porcentaje de encuestados que mencionan el producto

Bebidas	
Cerveza	100%
Refrescos	60%
Zumos	30%
Vino	29%
Cerveza sin alcohol	14%

Primera respuesta espontánea

Practica más 3

Unidades 5 y 6

1. ¿Pretérito imperfecto o pretérito indefinido?

1. Cuando yo (ser) *era* estudiante, (trabajar) _______ en un restaurante.
2. Cuando me (tocar) _____ la lotería, me (comprar) _______ un piso nuevo.
3. El sábado pasado (ir, nosotros) _______ de compras, pero todo (estar) _______ muy caro.
4. Como (hacer) ______ mucho frío, yo no (salir) ___________ .
5. Antes mi marido (tocar) _______ en un grupo de música; años después lo (dejar) ___________ .
6. Ayer (quedar, yo) ______ con Enrique y Ana, pero no (venir) ______ .
7. Antonio (querer) _______ venir a la fiesta, pero el coche (estropearse) _________________ .

2. Elige el adjetivo correcto de cada pareja.

claro-a / oscuro-a – antiguo-a / moderno-a largo-a / corto-a – caro-a / barato-a ancho-a / estrecho-a – grande / ~~pequeño~~-a limpio-a / sucio-a

1. Ese niño no sabe andar. Es muy *pequeño*.
2. No me lo puedo comprar. Es muy _______ .
3. Esa camisa azul es casi negra. Es muy _________ .
4. No tengo tiempo de limpiar. La casa está muy ________ .
5. La película duró demasiado. Fue muy _________ .
6. Mi coche no cabe en ese aparcamiento. Es muy ____________ .
7. Este edificio es del siglo XVI. Es muy __________ .

3. Elige la opción correcta.

1. Andrés es *más* alto que su hermano.
   a. que b. más c. tan
2. Mi coche nuevo es _______ que el antiguo.
   a. tan b. como c. mejor
3. Las habitaciones de Elena y Rosa son iguales. La habitación de Elena es _______ grande como la de Rosa.
   a. tan b. que c. más
4. La silla es _______ cómoda que el sillón.
   a. tan b. menos c. menor
5. Elisa es más simpática ____ su compañera.
   a. como b. peor c. que
6. La mesa de madera no es tan antigua ________ la de hierro.
   a. como b. que c. menos
7. Luis tiene tres años menos que Nacho. Nacho es _______ que Luis. Luis es _______ que Nacho.
   a. mayor b. menor c. como
8. Las notas de Carlos son muy malas. Son ____________ que las de su hermana.
   a. mejor b. peor c. peores
9. La película del sábado es muy aburrida. Es _____ que la de la semana pasada.
   a. mejores b. peor c. peores
10. Juan tiene mucho tiempo libre. Está ______ ocupado que yo.
    a. tan b. menos c. como
11. Esta tienda es muy barata. Tiene ________ precios que las otras.
    a. buenos b. mejor c. mejores

4. Completa las frases con *algo, alguien, nada, nadie, algún, alguna, alguno, algunos, algunas, ningún, ninguna, ninguno.*

1. ¿A *alguien* le molesta que abra la ventana?
2. ¿Te gustaría tomar _____?
3. Mis amigos no quisieron beber _____ .
4. El accidente parecía muy grave, pero afortunadamente no hubo _______ herido.
5. Hicimos ________ fotografías, pero _________ salió bien.
6. No queda _______ huevo en la nevera.
7. ¡En ______ sitio tienen que estar mis gafas!
8. ¿Por qué estás mirando debajo de la cama? ¿Has perdido _____?
9. Salió de casa sin decir _______ a ______ .
10. ¿Tienes _______ noticia de ellos?
11. _________ está llamando a la puerta. ¿Puedes abrir?
12. No he leído ________ de sus novelas.

5. Contesta las siguientes preguntas utilizando *nada, nadie, ningún, ninguna, ninguno.*

1. ¿Qué estás haciendo? *Nada*.
2. ¿Cuántos hijos tienen? ________ .
3. ¿Quién está hablando? ________ .
4. ¿Qué comisteis? _____________ .
5. ¿Adónde fueron? A ______ sitio.
6. ¿Con quién bailaste? Con ______ .
7. ¿Qué os regalaron? ___________ .
8. ¿Qué compraste? No había _________ tienda abierta.
9. ¿A quién viste en la fiesta? No había _______ conocido.
10. ¿Qué película visteis? _________ .
11. ¿Dónde está Ana? ______ sabe dónde está.
12. ¿Quién ha visitado el Museo del Prado? ________ de nosotros hemos estado en Madrid.

6. ¿Cómo se hace el "arroz con leche"?

1. (hervir) *Se hierve* la leche.
2. (echar) ________ el arroz.
3. (añadir) _______ el azúcar y la canela en rama.
4. (cocer) ________ durante veinte minutos.
5. (añadir) _______ la canela en polvo.
6. (servir) ________ frío.

5
6

7. Ordena la siguiente conversación.

- A mí póngame una sopa de primero y de segundo un filete. ☐
- Buenos días, ¿qué desean comer? 1
- Vino y casera, por favor. ☐
- Yo también quiero sopa, pero de segundo quiero pollo. ☐
- ¿Y para beber? ☐
- No, muchas gracias. La cuenta, por favor. ☐
- ¿Tomarán algo de postre? ☐

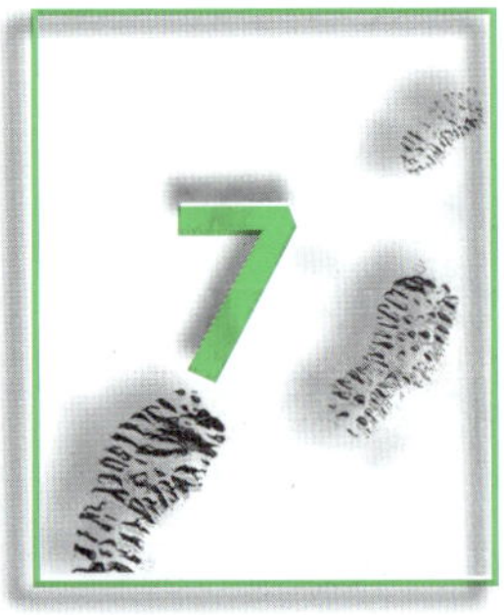

A. En verano, salud

1. Completa la tabla de imperativos.

AFIRMATIVO	NEGATIVO
(tú) bebe (Vd.) beba	________ ________
________ venga	no vengas ________
cállate ________	________ ________
________ ________	no te levantes ________
haz ________	________ ________

2. Contesta, como en el ejemplo.

1. No quiero ir a trabajar, quiero quedarme en casa.
   Pues no vayas a trabajar, quédate en casa.
2. Quiero tomar un té, no un café.
   ____
3. Quiero salir, no quiero quedarme en casa.
   ____
4. Quiero ponerme los vaqueros, no la falda.
   ____
5. Quiero comer un bocadillo, no quiero comer pescado.
   ____
6. No quiero ir al cine, quiero ir a la discoteca.
   ____
7. Quiero sentarme aquí, no quiero andar más.
   ____

3. Escribe la forma negativa.

1. Dámelo — *No me lo des*
2. Hazlos ________
3. Díselo ________
4. Ábrela ________
5. Tráela ________
6. Póntelo ________
7. Tráigalos ________
8. Llévala ________
9. Dímelo ________
10. Póngasela ________
11. Dígaselo ________

4. ¿Cuándo se dice...? Relaciona las frases con las situaciones.

1. En una oficina de empleo, un empleado a un joven. [G]
2. El padre a su hijo a la hora de dormir. [ ]
3. El profesor a sus alumnos. [ ]
4. La madre a su hijo pequeño. [ ]
5. Alguien a su compañero/a de piso. [ ]
6. Una persona en una oficina hablando por teléfono a alguien que quiere entrar. [ ]
7. El médico al paciente. [ ]
8. El cliente al camarero. [ ]

a. Espere un momento, por favor.
b. Acuéstate ya, son las 10.
c. No coma muchas grasas ni dulces.
d. Compra tú el periódico, yo no puedo.
f. Jorge, no toques eso, es peligroso.
g. Escribe aquí tus datos personales.
h. No hagáis los ejercicios 3 y 4.
i. Pónganos una ración de queso, por favor.

5. Lee el texto y responde a las preguntas.

España vende la siesta

Una cadena de masajes ofrece un breve sueño de relajación para personas con estrés

La siesta ya se puede comprar. Una empresa barcelonesa oferta en sus establecimientos de salud y belleza un rato de sueño después de un breve masaje antiestrés por 12 euros.

Los científicos han demostrado que la siesta es buena porque es una necesidad biológica. Según el doctor Eduard Estivill, jefe de la Unidad de Trastornos del Sueño: "El cerebro pide desconectar dos veces al día, por la noche y entre las dos y las cuatro de la tarde". Sin embargo, sólo el 20% de los españoles practica esta sana costumbre, a causa del ritmo de la vida moderna.

En estos centros, el cliente primero recibe un masaje antiestrés que dura entre cinco y diez minutos. A continuación, se cubre con una manta y duerme unos veinte o treinta minutos.

Al doctor Estivill, la idea le parece muy buena, siempre que no se duerma más de 30 minutos. Si se duerme más tiempo, la gente despierta de mal humor.

Desde hace tiempo se sabe que dormir la siesta es bueno para el corazón y, sobre todo, mejora el rendimiento intelectual.

(Adaptado de EL PAÍS)

1. ¿Quién vende la siesta?
____
2. ¿Cuánto cuesta "una siesta"?
____
3. ¿Cuántos españoles duermen habitualmente la siesta?
____
4. ¿En qué consiste el tratamiento?
____
5. ¿Cuánto tiempo es recomendable dormir después de comer?
____
6. ¿Cuáles son los principales beneficios de dormir la siesta?
____

6. Relaciona.

1. Cuando Teresa está resfriada [b]
2. Antes de tomar el sol, Manu [ ]
3. Cuando a Ignacio le duele la espalda [ ]
4. Cuando a Isabel le duele la cabeza [ ]
5. Cuando a Lucía le duele el estómago [ ]
6. Cuando Pablo se siente sin fuerzas [ ]

a. se pone crema protectora.
b. toma miel con limón y zumo de naranja.
c. toma vitaminas.
d. toma una aspirina.
e. hace dieta.
f. no levanta cosas pesadas.

ESCUCHAR

7. Escucha la entrevista que le hacen a una actriz y modelo famosa. Señala *V* o *F*. 8

1. Empezó a trabajar en 1987. [F]
2. Maribel Rojo está soltera. [ ]
3. Hace deporte de vez en cuando. [ ]
4. No come carne. [ ]
5. Le gustan mucho los dulces. [ ]
6. No le gusta andar. [ ]
7. No se cuida demasiado el cutis. [ ]

7

B. El jefe está de mal humor

1. Relaciona.

1. abierto — b . cerrado
2. lleno
3. sucio
4. libre
5. estropeado
6. fatal

a . estupendo
b . cerrado
c . arreglado
d . ocupado
e . limpio
f . vacío

2. Mira los dibujos y completa con un adjetivo de la actividad anterior.

1. Ese taxi está *libre.*

2. La farmacia está _________

3. El teatro está _________

4. La calle está _________

5. El ascensor está _________

6. La botella está _________

7. Ese taxi está _________

3. Completa las frases con los verbos *ser, estar, tener*.

1. A. ¿Sabes? He conocido a una chica.
   B. ¿Sí? ¿Cómo *es*?
   A. Pues _______ bastante alta, morena. _______ 21 años. _______ el pelo castaño, largo y liso.
   B. ¡Vaya! ¿Y a qué se dedica?
   A. _______ economista, pero ahora _______ estudiando Derecho.

2. A. ¿Qué le pasa a Rosa?
   B. Creo que _______ preocupada porque en su empresa _______ despidiendo a mucha gente.

3. A. ¿Qué tal el piso nuevo?
   B. El piso (1)_______ muy bien, pero el barrio (2)_______ fatal. Las calles _______ sucias, los coches (3)_______ mal aparcados, los teléfonos de las cabinas (4)_______ estropeados, no funcionan. Bueno, menos mal que el parque (5)_______ grande y (6)_______ muchas flores.

4. A. ¡Qué coche tan bonito! ¿_______ nuevo?
   B. ¡Qué va! Ya tiene ocho años, pero _______ nuevo porque lo uso poco.

5. A. ¿Por qué no te tomas ya el café?
   B. No puedo, _______ muy caliente.

6. A. ¿_______ libre esta silla?
   B. No, _______ ocupada.

7. A. ¿Qué te pasa?
   B. Que _______ harta de limpiar, cocinar, comprar, planchar, _______ harta de todo.

8. Esta película _______ muy aburrida.

9. No te pongas esos pantalones, _______ sucios.

10. A. ¿Qué le pasa a Ismael?
    B. Nada, _____ que _______ nervioso porque mañana _______ el examen de conducir.

c. ¡Que te mejores!

1. Completa la tabla con las formas del presente de subjuntivo.

HACER	TENER	IR	SER	ESTAR
haga				
	tengas			
		vaya		
			seamos	
				estéis
hagan				

2. Completa las frases con el verbo en la forma adecuada.

1. Espero que (estar, tú) *estés* bien.
2. Esperamos que (tener, tú) _______ un buen viaje.
3. Mi madre espera que (encontrar, yo) _________ un buen trabajo.
4. Rosa espera que su novio (venir) _______ el domingo.
5. Yo espero que ellos (hacer) _______ mañana la comida.
6. Espero que (ponerte) _________ el traje nuevo para la boda de Rocío.
7. Roberto espera (encontrar) _________ un buen trabajo pronto.
8. Espero que no (comer) _______ dulces, Pedro, no te sientan bien.
9. Esperamos que (ir, ustedes) _______ a vernos al pueblo.
10. El Presidente espera (ganar, él) ________ las elecciones otra vez.
11. Todos esperan que este año (ganar) ________ la Liga el Real Madrid.

3. ¿Qué se dice en estas situaciones?

1. A alguien que está enfermo.
   ¡Que te mejores!
2. A alguien que sale de viaje.
   ____
3. A unos recién casados.
   ____
4. A alguien que tiene un examen mañana.
   ____
5. A alguien que va a dormir.
   ____
6. A alguien que va a una fiesta.
   ____

4. Lee y completa el correo electrónico de Bea a Javier.

beca – espero – Este – a – pronto
besos – ~~Hola~~ – apruebo – vacaciones
verte – mejorar – diviertas

Viaje a Barcelona

Enviar Chat Adjuntar Agenda Tipo de letra Colores Borrador

Para: Araceli
Cc:
Asunto: Viaje a Barcelona
Cuenta: Rosa <rosa@jazzfree.com>

¡(1) Hola, Javi!

Belén me ha dicho que estás estudiando en París con una (2)__________ Erasmus. ¡Qué bien! ¿Cómo te va? A mí me gustaría ir el año que viene (3)__________ Londres para (4)_________ mi inglés, (5)__________ que me den una beca. Si no tengo beca, iré y me buscaré un trabajo. (6)__________ año estoy estudiando mucho, a ver si (7)________ todas las asignaturas en febrero y junio. Pronto son las (8)__________ de Navidad, ¿vas a venir a casa? Espero (9)__________ en la fiesta de Nochevieja, como cada año.

Bueno, Javi, hasta (10)__________, espero que estudies mucho, que te (11)__________ y que me escribas.

Muchos (12)__________ de

Bea.

7

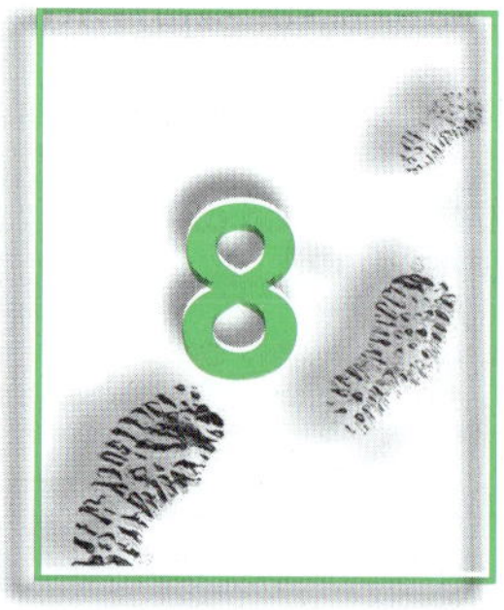

A. Buscando trabajo

1. Escribe los nombres de las profesiones.

1. Arregla todo tipo de motores. Le gusta mucho su trabajo, pero se mancha mucho las manos: *mecánico.*
2. Trabaja en un colegio. Enseña Lengua y Literatura: ________________
3. Su jefe dice que es muy buen vendedor y atiende muy bien a los clientes: ________________
4. Me encanta comer, pero sobre todo me gusta hacer comidas muy ricas: ________________
5. Mi trabajo es muy interesante. Estoy siempre viajando y explicando a los turistas las maravillas que visitan: ________________
6. Cuando trabajo muchas horas me duelen los ojos. Tengo que utilizar un protector de pantalla en el ordenador: ________________
7. A algunas clientas les gusta el pelo liso, otras lo quieren rizado y otras de punta: ________________
8. Al escribir una noticia intento ser imparcial, aunque no siempre es fácil: ________________
9. Me paso todo el día conduciendo por Madrid. Acabo muy estresado: ________________
10. El turno de noche es el más tranquilo. La mayoría de los enfermos están descansando: ________________
11. Si conduces muy deprisa, te pone una multa: ________________

2. Joana tiene una entrevista de trabajo. Relaciona las preguntas con las respuestas.

JOANA: Buenos días, venía por el anuncio del periódico para la plaza de profesora de Educación Infantil.
DIRECTORA: Sí, muy bien. ¿Qué titulación tienes?
JOANA: ________________________
DIRECTORA: ¿Tienes experiencia?
JOANA: ________________________
DIRECTORA: Estupendo, y ahora ¿qué te gustaría saber sobre esta escuela?
JOANA: ¿Qué horario tenéis?
DIRECTORA: ________________________
JOANA: ¿Qué edad tienen los niños con los que voy a trabajar?
DIRECTORA: ________________________
JOANA: Prefiero los pequeños. ¿Y el sueldo?
DIRECTORA: ________________ ¿De acuerdo? Pues el lunes te esperamos.

a. Hay dos turnos: de 8 de la mañana a 3 de la tarde, y de 10 a 5.
b. Soy profesora de Educación Infantil.
c. Puedes elegir: bebés o niños de uno a dos años.
d. Sí, he trabajado un año en una escuela del Ayuntamiento.
e. 1.000 € durante el primer año.

B. Sucesos

1. Observa el programa de actividades que realizó "el Dioni" el día de su famoso atraco.

8:00	desayuna en casa.
9:00	se dirige a su trabajo.
9:30	conduce su furgón de seguridad.
10:00	recoge 180.000 € en un banco.
10:45	abandona su furgón en un aparcamiento público.
11:30	vuela con destino a Brasil con su botín.
21:30	se registra en un hotel de 5 estrellas.
22:00	cena en el mejor restaurante de Río de Janeiro.
24:00	llama por teléfono a su madre para desearle buenas noches.

¿Qué estaba haciendo "el Dioni" el día del atraco?

1. A las 8:00 *estaba desayunando* en su casa.
2. A las 9:00 ____________________
3. ____________________
4. ____________________
5. ____________________
6. ____________________
7. ____________________
8. ____________________
9. ____________________

2. Escribe una frase para cada dibujo utilizando los verbos del recuadro.

jugar – sonar – pasear – llamar – llegar
cenar – ~~hacer la comida~~ – morder – ver
robar – empezar a llover – hacer una foto

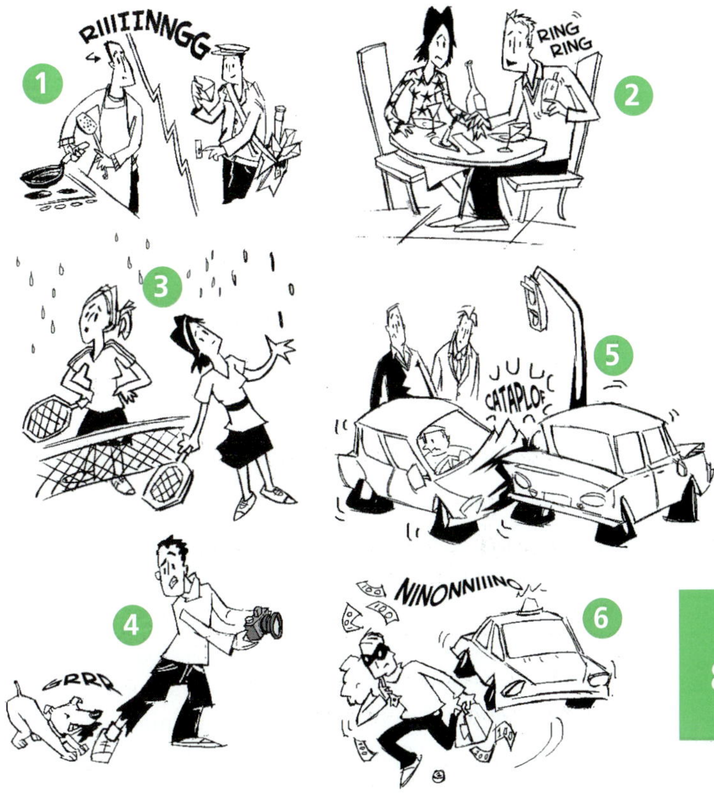

1. *(Él) estaba haciendo la comida cuando el cartero llamó a la puerta.*
2. ____________________
3. ____________________
4. ____________________
5. ____________________
6. ____________________

3. El verano pasado un grupo de estudiantes ingleses vinieron a España por primera vez. Estas son las cosas que no habían hecho antes de venir:

1. Alan (hablar) *no había hablado* mucho español.
2. Helen nunca (comer) __________ paella.
3. Ninguno (visitar) ______________ la ciudad de Segovia.
4. La mayoría (conducir) _________ por la derecha.
5. Peter y Joseph (ver) __________ una corrida de toros.

8

4. Completa las frases con el pretérito indefinido o el pluscuamperfecto.

1. Los niños (volver) *volvieron* muy cansados, porque (estar) *habían estado* en el zoo.
2. Teresa (enfadarse) ______________ con su profesora porque no (aprobar) ______________
3. Todo el mundo (marcharse) ___________ cuando nosotros (llegar) ____________ a la fiesta.
4. No nos (ver) __________ desde que (ir) _________ al concierto.
5. Luis (tener) _____________ un accidente porque (beber) ____________ mucho.
6. A Julio le (despedir) _______ del trabajo sólo porque (llegar) _____________ tarde tres veces.

5. Lee las noticias del periódico y contesta las preguntas.

La perla de Manila

La policía ha detenido a los autores del robo de la joyería *La perla de Manila*. El atraco tuvo lugar el sábado 16 de enero. La policía ha detenido a tres jóvenes que han pasado a disposición judicial.

LLegan a España los pescadores del barco gallego

Han llegado a España los pescadores del barco gallego que naufragó en las costas de Irlanda el pasado día 19 de diciembre. El naufragio sucedió en medio de una fuerte tormenta cuando el barco chocó contra unos acantilados y se partió en dos. Decenas de paisanos de distintos puntos de Galicia los han recibido en el aeropuerto de Barajas. Todos han llegado sanos y salvos.

Atropellan a un niño a la salida del colegio

La policía todavía no ha encontrado al autor del atropello de un niño, a la salida del colegio, que se produjo ayer en la calle Altamirano de Madrid. Numerosos testigos que presenciaron el accidente han declarado esta mañana en las dependencias policiales.

Beckham vuelve a Inglaterra

David Beckham acaba de declarar que se le ha perdido el respeto como jugador demasiado pronto. El jugador afirmó que de todas formas se siente muy feliz en su actual club, pero la posibilidad de su regreso a Inglaterra parece cada día más cerca.

1. ¿Qué delito habían cometido los jóvenes que detuvo ayer la policía?
____
2. ¿En qué situación se encuentran ahora los detenidos?
____
3. ¿Qué problema habían tenido los marineros que llegaron ayer a Barajas?
____
4. ¿Quién fue a recibirlos al aeropuerto?
____
5. ¿Quién atropelló ayer a un niño en Madrid?
____
6. ¿Qué han hecho esta mañana los testigos?
____
7. ¿Qué ha comentado David Beckham a la prensa?
____
8. ¿Cómo se ve el futuro del deportista?
____

C. Excusas

ESCUCHAR

1. Completa la siguiente entrevista a un residente del centro de Madrid.

A. (1) *¿Cuántos años tienes?*
B. 55.

A. (2) ¿________________________?
B. Sí, estoy casado y tengo dos hijos.

A. (3) ¿________________________?
B. En la calle Goya. Es una casa bastante grande y luminosa.

A. (4) ¿________________________?
B. ¿Lo mejor de vivir en el centro? Puedo ir andando a mi trabajo y hay muchas tiendas cerca de casa.

A. (5) ¿________________________?
B. Lo peor es el aparcamiento. Es horroroso.

A. (6) ¿_________________________?

B. No tengo ningún restaurante favorito. Pero cuando salimos en familia, elegimos un restaurante italiano.

A. (7) ¿_________________________?

B. La compra la solemos hacer en un supermercado cerca de casa.

A. (8) ¿_________________________?

B. En mi tiempo libre, lo que más me gusta es salir de Madrid y andar por el campo.

2. Escucha y comprueba. 9

3. Pasa las preguntas del ejercicio anterior a estilo indirecto.

1. *La entrevistadora le preguntó que cuántos años tenía.*
2. ____________________
3. ____________________
4. ____________________
5. ____________________
6. ____________________
7. ____________________
8. ____________________

4. Pasa las respuestas del ejercicio anterior a estilo indirecto.

1. *El señor le contestó que tenía 55 años.*
2. ____________________
3. ____________________
4. ____________________
5. ____________________
6. ____________________
7. ____________________
8. ____________________

5. Pasa los siguientes chistes a estilo indirecto.

El paciente le dijo al médico que ____________________

____

Y el doctor le respondió que ____________________

____

____

____

8

7 8 Practica más 4

Unidades 7 y 8

1. Lee los anuncios y completa el hueco con la profesión correspondiente.

conductor – cocinero/a – profesor/a
agente de turismo – vendedor

A Se necesitan __________ de automóviles para exposición. Con mucha experiencia. Edad entre 25 y 35 años. Llamar al tel.: 91-435 82 65

B __________ para restaurante vegetariano, zona Centro. Titulación y experiencia. Enviar CV con foto a Restaurante Europa, C/ Alicante, 15, 3.º D, Madrid 29001.

C Agencia de viajes necesita __________. Titulado, con amplio dominio de inglés y alemán. Enviar *curriculum vitae* a tours@hotmail.com

D __________ con experiencia y conocimientos de mecánica. Enviar currículo a mercauto@yahoo.com

E __________ de piano y solfeo con titulación precisa escuela de música. Con experiencia. Llamar urgentemente de 11.30 a 13.30. Tel.: 683 24 56 06.

2. En qué anuncios piden:

1. Titulación ☐ ☐ C
2. Enviar *curriculum vitae* ☐ ☐ ☐
3. Experiencia ☐ ☐ ☐ ☐
4. Idiomas ☐
5. Conocimientos de mecánica ☐

3. Completa la tabla.

1. *el periodista*	*la periodista*
2. el	la peluquera
3. el dependiente	....
4. el	la guía
5. el conductor	....
6. el	la programadora
7. el	la taxista
8. el	la jueza

4. ¿Dónde trabaja cada uno de los anteriores profesionales?

1. *En un periódico.*
2. __________
3. __________
4. __________
5. __________
6. __________
7. __________
8. __________

5. ¿Qué se dice en estas situaciones?

1. Un chico de 15 años a su padre, cuando necesita dinero para comer en el instituto.
   Papá, dame dinero para comer.
2. El profesor a sus alumnos antes de un examen. Ellos están mirando los libros.
   ____
3. Una señora al camarero en un restaurante. Necesita una cucharilla.
   ____

4. Una madre a sus hijos que llevan mucho tiempo viendo la tele.

___

5. Un padre a su hija al despertarle por la mañana.

___

6. Un médico a su paciente que fuma y no hace ejercicio.

___

7. Un profesor a sus estudiantes que están hablando demasiado alto.

___

8. Un policía a un conductor que iba muy rápido, en la carretera.

___

9. Una madre a su hijo que está comiendo mucho helado.

___

10. Un director de un banco a uno de sus empleados que sale al bar a tomar café con mucha frecuencia.

___

6. Escribe la orden contraria.

1. Ponte este jersey, te queda muy bien.
   No te pongas este jersey, te queda mal.
2. Siéntese aquí, la mesa está libre.
   ___
3. Coge mi coche, está arreglado.
   ___
4. Limpia la habitación, está sucia.
   ___
5. Llena la jarra del agua, está vacía.
   ___
6. Ve a comprar el periódico, el quiosco está abierto.
   ___
7. Cómprate este CD, está estupendo.
   ___
8. Tómate el café, está casi frío.
   ___
9. Ve a ver esa película, es muy buena.
   ___

7. Sigue el modelo.

1. Ana / traer el pan.
   Yo espero que Ana traiga el pan.
2. (él) / venir a verme.
   ___
3. (vosotros) / escribir pronto.
   ___
4. mi equipo / jugar bien.
   ___
5. mi hija / aprobar.
   ___
6. (vosotros) / estar bien.
   ___
7. (tú) / venir a mi boda.
   ___
8. (tú) / mejorarse.
   ___
9. (tú) / ponerse el abrigo al salir.
   ___

8. Completa con uno de los verbos del recuadro en el tiempo adecuado, infinitivo o presente de subjuntivo.

jubilarse – ~~tener~~ – llamar – casarse – venir salir – hacer – aprobar – sacarse

1. Espero que *tengas* buen viaje.
2. Esperamos que (vos.) ___ a vernos a nuestra casa.
3. Tu madre espera que la ___ por teléfono.
4. Ellos esperan que su hijo ___ todas las asignaturas en junio, pero el hijo no estudia nada.
5. Olga quiere ___ en junio, pero su novio no tiene prisa.
6. Rosa, espero que ___ los deberes antes de ver la tele.
7. Espero que no ___ a la calle, con el resfriado que tienes.
8. Carlos espera ___ el carnet de conducir antes de Navidad.
9. Nosotros queremos que mi padre ___ pronto porque está muy cansado.

7/8

9

A. ¿Cuánto tiempo llevas esperando?

1. Elige la frase de significado similar al original.

1. David lleva viajando por África un mes.
   - a. El viaje de David acabó hace un mes. ☐
   - b. David empezó su viaje por África hace un mes y sigue allí. ☐
   - c. David estuvo en África el mes pasado. ☐

2. Ana y Antonio llevan programando el ordenador toda la mañana.
   - a. Ellos empezaron a programar el ordenador a primera hora de la mañana. ☐
   - b. Han acabado de programar el ordenador. ☐
   - c. Programan el ordenador todas las mañanas. ☐

3. La lavadora lleva funcionando desde las diez.
   - a. La lavadora acabó de funcionar a las diez. ☐
   - b. La lavadora empezó a funcionar a las diez y aún no ha terminado. ☐
   - c. La lavadora funciona siempre a las diez. ☐

4. Ángela lleva tocando el violín desde que tenía diez años.
   - a. Ángela empezó a tocar el violín a los diez años y lo dejó. ☐
   - b. Ángela tocó el violín durante diez años. ☐
   - c. Ángela toca el violín desde que tenía diez años. ☐

2. Completa las frases utilizando la forma *llevar* + gerundio.

1. Cristina *lleva viendo* (ver) la televisión dos horas.
2. Juan y Carolina ______________ (trabajar) desde las siete de la mañana.
3. ______________ (nevar) más de dos días.
4. ¿Cuánto tiempo (tú) ______________ (estudiar) español?
5. María ___________ (salir) con Antonio dos años.
6. ¿Cuánto tiempo (nosotros) ______________ (ahorrar) para comprarnos el coche?
7. (Yo) ______________ (buscar) las llaves toda la mañana y no las encuentro.
8. ¿Cuánto tiempo (vosotras) ______________ (hablar) por teléfono?
9. (Nosotros) ______________ (esperar) más de dos horas.
10. ¿Cuánto tiempo (vosotros) ______________ (buscar) piso?

3. Sigue el ejemplo.

1. Carlos está durmiendo. Se acostó a las tres y ahora son las seis.
   Carlos lleva tres horas durmiendo.
2. Rosa está tocando el piano. Empezó a las cuatro y son las cinco y media.
   ____
3. Emilio trabaja en un taller mecánico. Entró allí en el año 2004.
   ____
4. Julio y yo salimos juntos. Nos conocimos en abril.
   ____
5. Elena juega a baloncesto en el Juventud. Entró hace dos meses.
   ____

4. Pregunta, como en el ejemplo.

1. Estoy esperándote.
   ¿Cuánto tiempo llevas esperándome?
2. Estoy saliendo con un chico.
   ____
3. Mi hijo toca la guitarra.
   ____
4. Yo estoy jugando al ajedrez.
   ____
5. Carlos vende electrodomésticos.
   ____
6. Tomás y María viven en la calle Santa María.
   ____
7. Julia y yo trabajamos en la misma empresa.
   ____
8. Pedro está aprendiendo a conducir.
   ____
9. Laura y Jaime estudian neerlandés.
   ____

B. ¿Qué has hecho el fin de semana?

1. Elige el verbo adecuado.

1. A. ¿Qué *has hecho / hiciste* este fin de semana?
   B. Nada especial. El sábado *he visto / vi* una película en la tele y el domingo *he ido / fui* a ver a mis padres.
2. A. Ayer te *he llamado / llamé* por teléfono y no te *he encontrado / encontré.*
   B. Sí, es que *he ido / fui* con un amigo a ver una exposición de instrumentos musicales antiguos.
3. A. ¿Dónde *has estado / estuviste* estas vacaciones de Semana Santa?
   B. En mi pueblo. *He visto / vi* todas las procesiones que *han salido / salieron.*
4. A. Sonia, ¿dónde *has estudiado / estudiaste* español?
   B. En la playa. Hace un año *he venido / vine* de vacaciones a la Costa del Sol y *he conocido / conocí* a un chico español muy simpático y *hemos empezado / empezamos* a salir. Yo me *he matriculado / me matriculé* en una academia para aprender español.
   A. Sigues saliendo con ese chico?
   B. No, qué va, lo *he dejado / dejé* hace tres meses.
5. A. ¿Sabes que Eduardo *ha tenido / tuvo* un accidente?
   B. No, ¿cuándo?
   A. La semana pasada. *Ha chocado / chocó* con un camión, *ha sido / fue* horrible, está en el hospital de La Paz.

2. ¿Has visto estas películas? Da tu opinión y completa la tabla con el vocabulario de los recuadros.

musical – ciencia-ficción – comedia
drama – terror – oeste – guerra – acción

romántica – aburrida – interesante
divertida – horrible – desagradable
original – emocionante – rara – maravillosa

Película	Tipo de película	Tu opinión
Titanic		
Con faldas y a lo loco		
Salvar al soldado Ryan		
West Side Story		
El exorcista		
La guerra de las galaxias		
El señor de los anillos		
Solo ante el peligro		

9

ESCUCHAR

3. Escucha la siguiente entrevista con Pedro y contesta las siguientes preguntas. 10

1. ¿Con qué frecuencia va Pedro al cine?

2. ¿Qué tipo de películas le gustan?

3. ¿Tiene un actor favorito?

4. ¿Qué actriz le gusta más?

5. Di una de sus películas favoritas.

6. ¿Ha visto alguna película española últimamente? ¿Cuál?

7. ¿Qué otras actividades le gusta hacer cuando sale con sus amigos?

9

C. ¿Qué te parece éste?

1. Lee el texto y corrige las siguientes afirmaciones.

1. El encuentro ocurrió en la playa.

2. El cielo estaba nublado.

3. La protagonista vio un rayo.

4. El objeto avanzaba despacio.

5. Se lo contó a su familia.

6. Ella creyó que era un avión.

7. La policía estuvo de acuerdo con ella.

Un encuentro extraño

El incidente ocurrió en la sierra de Madrid el 3 de diciembre de 2003. Iba caminando con mi perro y mirando tranquilamente las estrellas cuando, de repente, vi una luz roja. Se movía rápidamente hacia mí y luego descendió lentamente.

Después de un minuto giró hacia el este, increíblemente deprisa. No tengo ni idea de lo que era, pero no parecía de este mundo. Más tarde llamé por teléfono a la policía y les conté la historia. Ellos no me creyeron, pero yo estoy segura de que era un ovni.

2. Lee el texto sobre la revista *Asimov* y contesta las siguientes preguntas.

ASIMOV CIENCIA FICCIÓN

Asimov ciencia ficción es la edición española de ***Asimov's Science Fiction,*** en la que se añaden relatos y artículos de autores españoles.

Esta revista está considerada como la mejor revista de narrativa de ciencia ficción. Sus novelas y relatos han recibido más de cuarenta premios. La revista fue creada en Estados Unidos en 1977, figurando como director editorial Isaac Asimov. Desde 1986 hasta 2004, ha recibido en catorce ocasiones el premio a la mejor edición.

Precio del ejemplar: 10 €

¡Suscríbete ya!
Suscripción: 50 €
(1 año – 6 ejemplares)

Suscribiéndote te aseguras la reserva de tu ejemplar y lo recibes en tu domicilio por correo sin gastos de envío.

Todos los suscriptores recibirán de regalo **una camiseta XL** de color negro con el anagrama de **Asimov ciencia ficción.**

1. ¿Qué temas trata la revista Asimov?

____

2. Además de los artículos de la edición americana, ¿qué otros textos puedes encontrar en la edición española?

____

3. ¿Por qué ha recibido la revista tantos premios?

____

4. ¿Quién fue su primer director?

____

5. ¿Qué ventajas tiene la suscripción?

____

6. ¿De que talla es la camiseta de regalo por la suscripción?

____

3. Escribe una composición sobre la vida en otros planetas. Utiliza las expresiones del recuadro.

me gusta(n) – no me gusta(n) me parece – yo creo – pienso que me preocupa – me interesa

____

____

____

____

____

____

____

____

____

____

4. Relaciona cada adjetivo con su contrario:

1. horrible ☐
2. divertido/a ☐
3. bonito/a ☐
4. triste ☐
5. mejor ☐

a. aburrido/a
b. alegre
c. precioso/a
d. peor
c. feo/a

9

10

A. ¿Qué piensas hacer estas vacaciones?

1. Lee el folleto de un viaje a Brasil y responde a las preguntas.

1. ¿Qué podemos ver en Río de Janeiro?

   ____

2. ¿Cuándo veremos las cataratas de Iguazú del lado brasileño?

   ____

3. ¿La excursión en lancha rápida por el río Iguazú está incluida en el paquete o hay que pagarla aparte?

   ____

4. ¿Qué se hace el 6.º día por la tarde?

   ____

5. ¿Cuánto cuesta el viaje para una persona sola en el mes de septiembre?

   ____

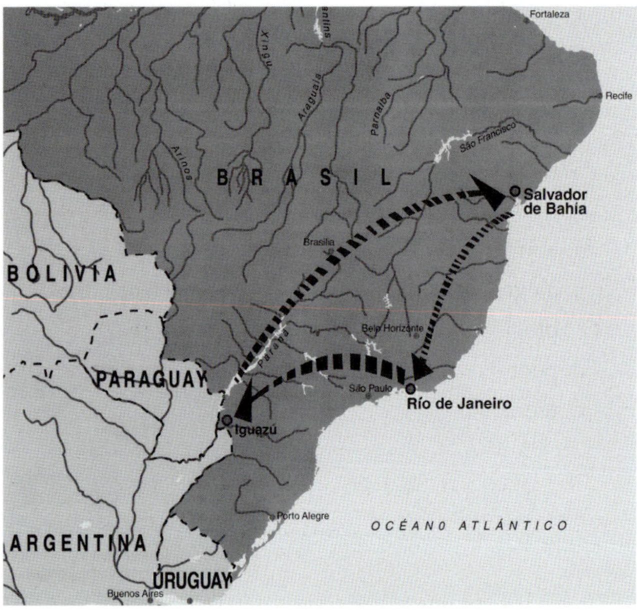

CONTRASTES DE BRASIL

9 días / 7 noches. Salidas martes y sábados.

Día 1.º Madrid – Río de Janeiro.

Presentación en el aeropuerto 2 horas antes de la salida para embarcar en vuelo directo. Llegada y traslado al hotel.

Día 2.º Río de Janeiro.

Desayuno. Día libre. Podrá visitar opcionalmente la famosa estatua El Cristo del Corcovado y la roca del Pan de Azúcar, con subida en un teleférico con excelentes vistas panorámicas. También puede disfrutar de las preciosas playas de Copacabana e Ipanema.

Día 3.º Río de Janeiro – Iguazú.

Desayuno. Traslado al aeropuerto para embarcar en vuelo regular con destino a Iguazú. Llegada y traslado al hotel. Excursión incluida al Parque Nacional de Iguazú del lado brasileño, uno de los mayores espectáculos de cataratas del mundo.

Día 4.º Iguazú.

Desayuno. Día libre. Excursión opcional al Parque Nacional de Iguazú del lado argentino, de belleza impresionante. También podrá hacer una excursión en lancha rápida, tipo zodiac, por el río Iguazú, hasta las mismas cataratas.

Día 5.º Iguazú – Salvador de Bahía.

Desayuno. Traslado al aeropuerto, llegada y alojamiento en el hotel elegido en Salvador de Bahía.

Día 6.º Salvador de Bahía.

Desayuno. Visita de la ciudad y centro histórico de medio día. El Pelourinho es el mayor conjunto colonial de América Latina, considerado Patrimonio Cultural de la Humanidad por la UNESCO. Tarde libre para compras de artesanía indígena en el mercado Modelo.

Día 7.º Salvador de Bahía – Río de Janeiro.

Desayuno. Tiempo libre antes de viajar a Río de Janeiro.

Día 8.º Río de Janeiro – Madrid.

Desayuno. Mañana libre para últimas compras. Traslado al aeropuerto para embarcar en vuelo directo con destino a Madrid. Noche a bordo.

Régimen: AD (alojamiento y desayuno).
Precio del paquete
Junio: 1.077 €.
Julio: 1.140 €.
Agosto: 1.271 €.
Septiembre: 1.208 €.
Octubre: 1.146 €.
Suplemento por habitación individual: 200 €.

2. Mira los dibujos y describe qué va a pasar.

salir – ~~ganar~~ – ver – caerse – tener (x 2)

1. Fernández va a *ganar* la carrera.
2. Carmen y Fernando ___________ una película.
3. Ese coche ___________ un accidente.
4. Clarita ___________ en la piscina.
5. Mi hermana ___________ un bebé.
6. Mi familia y yo ___________ de vacaciones.

ESCUCHAR

3. Escucha a estas personas hablar de sus vacaciones y contesta las preguntas. 11

1. *Manuela González. Vacaciones familiares.*
   a. ¿Dónde pasan las vacaciones?
   ____
   b. ¿Qué hacen sus hijas?
   ____
   c. ¿Qué hacen Manuela y su marido por las tardes?
   ____
   d. ¿Cuándo son las fiestas del pueblo?
   ____

2. *Eusebio y Paloma. Deportes de riesgo.*
   a. ¿Qué deportes practican en invierno?
   ____
   b. ¿A qué parte de España van en verano?
   ____
   c. ¿Qué buscan al hacer deportes de aventuras?
   ____

3. *Elena, Javier y Ana María. Cursos de verano.*
   a. ¿Cuánto tiempo hace que van a los cursos de verano?
   ____
   b. ¿Por qué hacen este tipo de vacaciones?
   ____
   c. ¿Qué es lo más interesante de los cursos?
   ____
   d. ¿Qué actividades tienen por la tarde?
   ____

B. Cuando tenga tiempo

1. Relaciona.

1. Cuando te vayas de vacaciones, [b]
2. Cuando tengas tiempo, [ ]
3. Cuando venga Margarita, [ ]
4. Cuando tenga tiempo, [ ]
5. Cuando necesites algo, [ ]
6. Cuando tenga dinero, [ ]

a. limpia los cristales.
b. escríbeme una postal.
c. llámame por teléfono.
d. iré a ver la exposición de pintura.
e. pienso ir de viaje a México.
g. dale este libro, es suyo.

2. Elige el verbo adecuado.

1. Yo conocí a Pepe cuando *vivíamos / vivamos* en Valencia.
2. Mi hermana vendrá cuando *tiene / tenga* vacaciones.
3. ¿Cuándo *vas / vayas* a cambiarte de casa?
4. ¿Cuándo *has ido / vayas* a la exposición de Picasso?
5. Cuando *pueda / podré*, tengo que ir a ver la última película de Almodóvar.
6. Antes, cuando *era / sea* más joven hacía mucho deporte.
7. Cuando me *jubile / jubilo*, me compraré un apartamento en la playa y viviré siempre al lado del mar.
8. Yo cuando *sea / soy* mayor, seré azafata.
9. Yo quiero ser mayor de edad porque cuando *seas / eres* mayor puedes hacer lo que quieres, sin dar explicaciones a tus padres.

3. Completa las frases con el verbo más adecuado.

1. Te escribiré cuando (llegar) __________ a Londres.
2. Cuando (poder, tú) ________ , compra el periódico.
3. Yo voy al cine cuando (poder) ___________ .
4. A. ¿Cuándo (ir, tú) _________ a ver a tus padres?
   B. Cuando (terminar) ___________ este trabajo.
5. Llámame cuando Rosa (salir) _______ del hospital.
6. Los vecinos se irán a vivir al campo cuando (jubilarse) _________ .
7. Mis padres, cuando (jubilarse) ___________ hicieron un viaje por toda Europa.
8. Cuando (volver, Vdes.) ___________ a su país, no se olviden de nosotros.
9. Ayer, cuando (salir, nosotros) ___________ del teatro vimos un accidente en la Gran Vía.
10. A. ¿Cuándo (empezar, tú) _________ a trabajar?
    B. Cuando (terminar) ___________ mis estudios.
    A. ¿Y cuándo (terminar) _________ tus estudios?
    B. Cuando (aprobar) ___________ las dos asignaturas que me quedan.

4. Escribe dos párrafos breves a partir de estos comienzos. Escribe primero sobre tus hábitos en el pasado y luego de tus planes futuros.

1. Hace 10 años, cuando era más joven ___________
____
____
____
____
____
____ .

2. Dentro de 10 años, cuando sea mayor _________
____
____
____
____
____
____ .

10

C. ¿Para qué sirve esto?

1. Completa las definiciones con una expresión del recuadro.

un aparato – ~~una persona~~ (x 2) – un objeto un lugar – un mueble – una especie

1. Un peluquero es *una persona* que peina y corta el pelo.
2. Una maleta es __________ de caja con asas que sirve para guardar y transportar ropa en los viajes.
3. Una playa es __________ lleno de arena (o piedras) en la orilla del mar donde la gente toma el sol.
4. Un recepcionista es __________ que atiende al público a la entrada de un hotel, un hospital, etc.
5. Una mesa es __________ compuesto de una tabla horizontal y varias patas.
6. Un botón es __________ pequeño, normalmente redondo, que se cose a la ropa para unir dos partes.
7. Un horno es __________ donde se asan los alimentos.

2. Cosas de la oficina. Relaciona cada objeto con su definición.

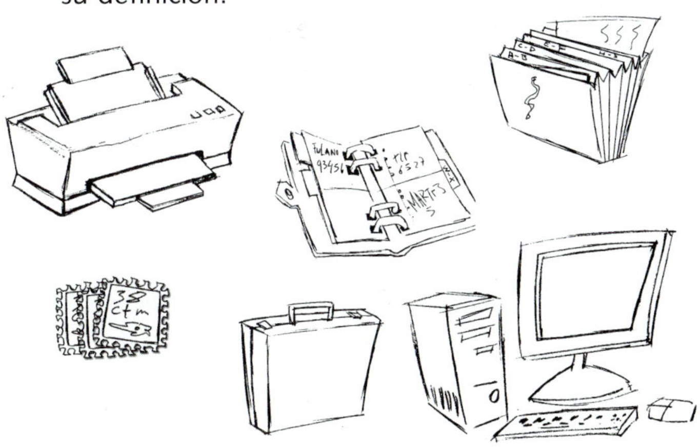

a. impresora ☐
b. ordenador ☐
c. agenda ☐
d. sellos ☐
e. calendario ☐
f. maletín ☐
g. archivador ☐

1. Cuaderno donde se anotan datos de interés personal, por ejemplo, números de teléfono.
2. Pequeño cuadrado de papel que se pega en las cartas o paquetes para enviarlos por correo.
3. Catálogo en el que se registran los días del año, las semanas y los meses.
4. Especie de caja pequeña con asas para guardar y transportar papeles.
5. Máquina electrónica que puede almacenar gran cantidad de datos y permite numerosas operaciones.
6. Máquina conectada al ordenador que imprime la información sobre papel.
7. Mueble o carpeta que se utiliza para guardar y ordenar papeles antiguos.

3. Escribe las frases otra vez con el verbo que significa lo contrario.

suspender – llegar – volver pagar – vender – responder – apagar traer – ~~terminar~~ – estropear

1. ¿Has empezado ya el trabajo?
   ¿Has terminado ya el trabajo.
2. Ayer compré dos libros.
   ____
3. ¿Puedes encender la luz, por favor?
   ____
4. Marisa ha aprobado el examen de conducir.
   ____
5. El avión salió a las 6.30.
   ____
6. Este mecánico ha arreglado el coche.
   ____
7. ¿Quién ha preguntado eso?
   ____
8. María ha llevado al niño al colegio.
   ____
9. Nosotros salimos de casa a las ocho de la mañana.
   ____
10. Tengo que cobrar el dinero de esta factura.
   ____

10

9 10 Practica más 5

Unidades 9 y 10

1. ¿Cuánto tiempo lleva sucediendo esto?

1. Ahora está lloviendo. Empezó hace dos horas.
   Lleva lloviendo dos horas.
2. Alberto está estudiando inglés. Empezó hace dos años.
   ____
3. Estoy aprendiendo a conducir. Empecé en diciembre.
   ____
4. Irene y Julián están buscando trabajo. Empezaron en verano.
   ____
5. María está trabajando en Sevilla. Empezó el 20 de febrero.
   ____
6. Mi hermano y yo vivimos en Salamanca. Nos fuimos el curso pasado.
   ____
7. Estoy escribiendo una novela. Empecé hace seis meses.
   ____

2. Pregunta cuánto tiempo llevan sucediendo estas cosas.

1. Está lloviendo.
   ¿Cuánto tiempo lleva lloviendo?
2. Julia toca la flauta.
   ____
3. Me duele la espalda.
   ____
4. Juan vive en el campo.
   ____
5. Mis amigos cantan en un coro.
   ____
6. Antonio y yo jugamos en el mismo equipo.
   ____
7. Estoy trabajando en Málaga.
   ____

3. Relaciona.

1. Yo creo que ☐
2. Yo pienso ☐
3. A mí me molesta ☐
4. A mí me molestan ☐
5. A ellos no les importan ☐
6. *A mí no me importa* D
7. A mí me gusta ☐
8. A nosotros nos gustan ☐

a. la gente que habla muy alto en los bares y en la calle.
b. los problemas de otros países.
c. la comida española es muy rica y variada.
d. *lo que digan de mí.*
e. que mucha gente no tiene conciencia ecologista.
f. mucho los ruidos de la calle.
g. los jóvenes que son rebeldes e inconformistas.
h. ir al campo los fines de semana.

4. Completa la postal con los verbos del recuadro en el tiempo adecuado. Sobran dos verbos.

~~estar~~ (x 4) – ser (x 2) – ver – comprar andar – hacer – llegar – recibir

Queridos hermanos:
¿Qué tal estáis? Ahora
(1) **estamos** en Salvador de Bahía,
(2)______ una ciudad preciosa. Lo
más bonito es el barrio colonial,
que (3)______ muy bien
conservado. Ahí (4)______ muchas cosas de
artesanía. Ayer (5)______ en las cataratas de
Iguazú desde el lado argentino e (6)______ la
excursión en la lancha rápida: (7)______ muy
divertido porque nos mojamos mucho, pero a veces
yo tenía un poco de miedo. Ya (8)______ las fotos
cuando (9)______ a casa. ¿Y qué tal vosotros?
Esperamos que (10)______ bien.

Un abrazo, Juanjo y Yolanda

5. Escribe sobre planes con *ir* + infinitivo.

1. (yo) / no jugar al tenis mañana.
   No voy a jugar al tenis mañana.
2. (ellos) / casarse mañana.
   ______
3. ¿(tú) / ver a Tomás esta noche.
   ______
4. llover mañana.
   ______
5. ¿Cuándo / (ellos) / ir a Barcelona?
   ______
6. ¿Qué / (vosotros) / hacer esta tarde?
   ______
7. Juan / estar en Salamanca la semana próxima.
   ______
8 ¿Quién / ir a la fiesta el sábado?
   ______
9. (yo) / comprar un coche nuevo.
   ______
10. Alejandro Sanz / cantar en Gijón el mes de septiembre.
   ______

6. Haz preguntas con *ir* + infinitivo.

1. He ganado mucho dinero. (¿Qué / hacer con él?)
   ¿Qué vas a hacer con él?
2. Vamos a ir a una fiesta. (¿Qué / llevar puesto?)
   ______
3. Van a ir a la ópera. (¿Qué / oír?)
   ______
4. Ángel se ha comprado un cuadro. (¿Dónde / ponerlo?) ______
5. Voy a organizar una cena. (¿A quién / invitar?)
   ______

7. Subraya el tiempo adecuado.

1. Esta casa la compré cuando nos *casemos* / *casamos*.
2. Cuando voy a las rebajas, siempre *compro* / *compré* algo.
3. Cuando lleguéis al aeropuerto *llamaréis* / *llamad* por teléfono.
4. Cuando regrese *os contaré* / *os contaba* mi viaje.
5. Cuando vayamos a Cádiz, *tomamos* / *tomaremos* el sol.
6. Cuando visité a tu hermano le *daré* / *di* tu regalo.
7. Cuando bebas no *conduces* / *conduzcas*.
8. Cuando llueve nunca *llevo* / *llevaba* el paraguas.
9. Cuando te levantes te *hacía* / *haré* el desayuno.
10. Cuando era joven *pasó* / *pasaba* varios años en Brasil.

8. Explica lo que significan las siguientes palabras relativas a personas, cosas o lugares.

1. arquitecto / diseñar edificios
   Un arquitecto es una persona que diseña edificios.
2. vegetariano / comer verduras
   ______
3. zapatería / vender zapatos
   ______
4. frigorífico / conservar alimentos
   ______
5. cirujano / operar a enfermos
   ______
6. parque / jugar los niños
   ______

Glosario

ABREVIATURAS

adj. = adjetivo
adv. = adverbio
conj. = conjunción
prep. = preposición
pron. = pronombre
n. m. = nombre masculino
n. f. = nombre femenino
v. = verbo
v. r. = verbo reflexivo

UNIDAD 1

admirar (v.) ______________
amable (adj.) ______________
andar (v.) ______________
basílica (n. f.) ______________
biografía (n. f.) ______________
crítico/a (adj.) ______________
encantado/a (adj.) ______________
erosión (n. f.) ______________
gastar (v.) ______________
inolvidable (adj.) ______________
isla (n. f.) ______________
libre (adj.) ______________
meditación (n. f.) ______________
mucho gusto ______________
naturaleza (n. f.) ______________
ordenador (n. m.) ______________
palacio (n. m.) ______________
recuerdo (n. m.) ______________
regular (adj.) ______________
rutina (n. f.) ______________
saludar (v.) ______________
silencio (n. m.) ______________
subterráneo/a (adj.) ______________
tardar (v.) ______________
turco/a (adj.) ______________

UNIDAD 2

banda (n. f.) ______________
capital (n. f.) ______________
ciclista (n.) ______________
componer (v.) ______________
concurso (n. m.) ______________
coro (n. m.) ______________
crecer (v.) ______________
descubrir (v.) ______________
entrenar (v.) ______________
famoso/a (adj.) ______________
fecha (n. f.) ______________
grabar (v.) ______________
habitante (n.) ______________
inventor/a (n.) ______________
millonario/a (adj.) ______________
nacimiento (n. m.) ______________
novela (n. f.) ______________
pirámide (n. f.) ______________
pisar (v.) ______________
población (n. f.) ______________
recibir (v.) ______________
repertorio (n. m.) ______________
sacar (v.) ______________
salsa (n. f.) ______________
superficie (n. f.) ______________
tango (n. m.) ______________

UNIDAD 3

abuelo/a (n.) ______________
alegre (adj.) ______________
amable (adj.) ______________
arreglar (v.) ______________
boda (n. f.) ______________
cariñoso/a (adj.) ______________
cuñado/a (n.) ______________
divertido/a (adj.) ______________
egoísta (adj.) ______________
grosero/a (adj.) ______________
montar (v.) ______________
nervioso/a (adj.) ______________
pesado/a (adj.) ______________
primo/a (n.) ______________
serio/a (adj.) ______________
sobrino/a (n.) ______________
tranquilo/a (adj.) ______________
triste (adj.) ______________

UNIDAD 4

alfombra (n. f.) ______________
apartamento (n. m.) ______________
ascensor (n. m.) ______________
calefacción (n. f.) ______________
chalé (n. m.) ______________
chimenea (n. f.) ______________
elecciones (n. f) ______________
espejo (n. m.) ______________
gastar (v.) ______________
gobierno (n. m.) ______________
horno (n. m.) ______________
lavabo (n. m.) ______________
lavadora (n. f.) ______________
limpiar (v.) ______________
manta (n. f.) ______________
mueble (n. m.) ______________
planchar (v.) ______________
pared (n. f.) ______________
parqué (n. m.) ______________
piso (n. m.) ______________
puesto (n. m) ______________
predicción (n. f.) ______________
promesa (n. f.) ______________
sanidad (n. f.) ______________
techo (n. m.) ______________
terraza (n. f.) ______________
toalla (n. f.) ______________
vecino/a (n.) ______________
votar (v.) ______________

UNIDAD 5

adolescencia (n. f.) ______________
anuncio (n. m.) ______________
bronca (n. f.) ______________
conductor/a (n.) ______________
cruzar (v.) ______________
diferencia (n. f.) ______________
empresa (n. f.) ______________
esquina (n. f.) ______________
ganar (v.) ______________
garaje (n. m.) ______________
guardia (n. f.) ______________
imprenta (n. f.) ______________
maravilloso/a (adj.) ______________
minifalda (n. f.) ______________
monjas (n. f.) ______________
pastelería (n. f.) ______________
piscina (n. f.) ______________
preocupado/a (adj.) ______________
prisa (n. f.) ______________
puntual (adj.) ______________

reportaje (n. m.) __________
sierra (n. f.) __________
sueldo (n. m.) __________
sufrir (v.) __________
taller (n. m.) __________
tipógrafo/a (n.) __________
tranvía (n. m.) __________
transporte (n. m.) __________

UNIDAD 6

ahorrar (v.) __________
ajo (n. m.) __________
algo (pron.) __________
alguno (pron.) __________
amplificador (n. m.) __________
aperitivo (n. m.) __________
banqueta (n. f.) __________
batería (n. f.) __________
calamar (n. m.) __________
cebolla (n. f.) __________
cocer (v.) __________
coliflor (n. f.) __________
encuesta (n. f.) __________
fresa (n. f.) __________
freír (v.) __________
intercambiar (v.) __________
judías verdes (n. f.) __________
lechuga (n. f.) __________
machacar (v.) __________
manzana (n. f.) __________
marisco (n. m.) __________
merienda (n. f.) __________
melocotón (n. m.) __________
morcilla (n. f.) __________
nada (pron.) __________
ninguno (pron.) __________
negociable (adj.) __________
óptico/a (adj.) __________
paellera (n. f.) __________
patata (n. f.) __________
pera (n. f.) __________
plátano (n. m.) __________
seminuevo/a (adj.) __________
trocear (v.) __________
uva (n. f.) __________
zanahoria (n. f.) __________

UNIDAD 7

animado/a (adj.) __________
aprovechar (v.) __________
bañador (n. m.) __________
basura (n. f) __________
crema (n. f.) __________
cumplir (v.) __________
deprimido/a (adj.) __________
divertirse (v. r.) __________
enamorado/a (adj.) __________
harto/a (adj.) __________
mejorar (v.) __________
papelera (adj.) __________
peligro (n. m.) __________
precaución (n. f.) __________
protector/a (adj.) __________
protegerse (v. r.) __________
quemadura (n. f) __________
quemarse (v. r.) __________
raro/a (adj.) __________
reservado/a (adj.) __________
revuelto/a (adj.) __________
señal (n. f.) __________
solar (adj.) __________
suficiente (adv.) __________

UNIDAD 8

aplazar (v.) __________
atender (v.) __________
avería (n. f.) __________
condición (n. f.) __________
conductor/a (n.) __________
contestador (n. m.) __________
guía turística (n.) __________
hipnotizador/a (n.) __________
intentar (v.) __________
ladrón/a (n.) __________
mensaje (n.) __________
periodista (n.) __________
pagas (n. f.) __________
perder (v.) __________
prisión (n. f.) __________
programador/a (n.) __________
propina (n. f.) __________
quejarse (v. r.) __________
suceso (n. m.) __________

UNIDAD 9

actor (n. m.) __________
ajedrez (n. m.) __________
colaborar (v.) __________
corrupción (n. f.) __________
crítica (n. f.) __________
cultura (n. f.) __________
desagradable (adj.) __________
desamor (n. m.) __________
equipo (n. m.) __________
emocionante (adj.) __________
interesar (v.) __________
miedo (n. m.) __________
molestar (v.) __________
opinar (v.) __________
póster (n. m.) __________
preocupar (v.) __________
protagonista (n.) __________
vivienda (n. f.) __________

UNIDAD 10

adaptarse (v. r.) __________
aspiradora (n. f.) __________
azafata (n. f.) __________
compartir (v.) __________
considerar (v.) __________
convivencia (n. f.) __________
circunstancias (n. f.) __________
despertador (n. m.) __________
disfrutar (v.) __________
documentarse (v. r.) __________
imprevisto/a (adj.) __________
intolerante (adj.) __________
interpretación (n. f.) __________
introvertido/a (adj.) __________
limitado/a (adj.) __________
monedero (n. m.) __________
pegamento (n. m.) __________
peine (n. m.) __________
plan (n. m.) __________
protestar (v.) __________
regalo (n. m.) __________
rígido/a (adj.) __________
ruido (n. m.) __________
sacacorchos (n. m.) __________
test (n. m.) __________
tostadora (n. f.) __________

Transcripciones

UNIDAD 1

B. Rutinas

4. Pista 1

A. Lucía, ¿puedes hablarnos de ti?

B. Sí, claro. Yo soy profesora de instituto, estoy casada, tengo 40 años y un hijo, Adrián, de 16 años.

A. ¿Qué haces normalmente?

B. Me levanto a las 6.30, me ducho y preparo el desayuno para Adrián, que siempre se levanta demasiado tarde. Mi marido trabaja en una empresa de publicidad y se levanta a las 7.30, y desayuna más tarde porque entra a las nueve. Va en metro al trabajo. Yo voy en coche porque mi instituto está en un pueblo, a unos 14 km de Madrid. Empiezo las clases a las 8.30. Adrián y yo salimos juntos de casa a las ocho menos cinco, para llegar a tiempo a la primera clase.

A. ¿Dónde coméis?

B. Adrián y yo comemos en casa cuando llegamos, a las tres de la tarde. Pero mi marido come en su empresa. Él acaba el trabajo a las cinco o las seis de la tarde, depende de la época.

A. ¿Cuándo haces las tareas de la casa?

B. Bueno, eso es a veces un problema porque yo tengo que preparar las clases por las tardes... Normalmente yo hago la comida y ellos se ocupan de fregar los platos, la compra la hacemos el fin de semana... todos hacemos algo.
La verdad es que después de cenar, a las 10.30 o las 11.00 ya estamos muy cansados y nos acostamos.

UNIDAD 2

C. Ganadores

1. Pista 2

GABRIELA MISTRAL, ganadora del Premio Nobel de Literatura. Nació en Chile en 1889. Dedicó más de 16 años de su vida a la enseñanza. Desde 1933 representó a su país como cónsul en Madrid, Lisboa y Los Ángeles. Su poesía ha sido traducida a muchos idiomas. En 1945 recibió el Premio Nobel de Literatura.

PEDRO ALMODÓVAR, ganador de un Oscar. Desde que Pedro Almodóvar dirigió su primera película en 1980, se convirtió en uno de los directores más importantes del cine español. Dirigió más de 15 películas, hasta que en el año 2000, consiguió el Oscar de Hollywood por su obra *Todo sobre mi madre*.

MIGUEL INDURÁIN, ganador del Tour de Francia. Miguel Induráin, el famoso ciclista español, nació en Navarra en 1964. Comenzó su carrera de triunfos con su victoria en la Vuelta a España con sólo 21 años. Más tarde consiguió cinco Tours de Francia consecutivos entre 1991 y 1995.

UNIDAD 3

A. La boda de Pili

4. Pista 3

SEÑORA: Hola, tú eres la hermana de Carlos, ¿no?
PALOMA: Sí, yo soy Paloma y éste es mi otro hermano, Jesús.
SEÑORA: ¿Vosotros también vivís en Madrid?
PALOMA: No, yo vivo en Segovia. Soy guía turística.
JESÚS: Yo estoy trabajando en las Islas Canarias desde hace dos años.
SEÑORA: ¿Ah, sí? ¿Y en qué trabajas?
JESÚS: Soy arquitecto y estamos trabajando en la construcción de una urbanización de chalés y apartamentos.
SEÑORA: ¿Estáis solteros?
PALOMA: No, ¡qué va! Estoy casada y tengo dos hijos, Matías de siete años y Elena de cinco.
JESÚS: Yo, de momento, estoy soltero, pero voy a casarme el año que viene.
SEÑORA: ¿Y tu novia, está también en la boda?
JESÚS: No. Se ha quedado en casa porque su madre está enferma.
SEÑORA: ¡Vaya! ¡Cuánto lo siento! Ya nos conoceremos en otra ocasión.

UNIDAD 4

A. Un lugar para vivir

2. Pista 4

A. Buenos días, ¿en qué puedo ayudarte?

B. Buenos días, estoy buscando un piso o un apartamento de alquiler para este curso.

A. ¿Lo quieres muy céntrico o en un barrio?

B. Mejor céntrico, es que me gusta salir por la noche y no me gustan los autobuses.

A. Sí... bueno, aquí tenemos un apartamento de un dormitorio, muy cerca de la Plaza Mayor, reformado.

B. ¿Cuánto cuesta ese?

A. Son 1.200 € al mes.

B. ¡Qué barbaridad! ¿No tienen otros más baratos?

A. Sí, claro, pero no están en el centro, tienes que coger el autobus o el metro para llegar al centro. Aquí hay uno a 500 € al mes.

B. Ese está bien. ¿Dónde está?

A. En Getafe, a 16 km de Madrid, pero está muy bien comunicado.

B. ¿En Getafe? Bueno, creo que lo pensaré y volveré a preguntar.

B. ¿Qué pasará dentro de 20 años?

1. Pista 5

Ya estoy cansado de esta vida tan desordenada. Para el Año Nuevo voy a hacer una lista de buenos propósitos. Para empezar, saldré sólo los fines de semana, iré a clase todos los días, me levantaré temprano los fines de semana para hacer deporte. Además, no comeré tantas hamburguesas ni tonterías. Tampoco discutiré con mis padres ni mi novia... No copiaré en los exámenes, ayudaré en las tareas de la casa, veré menos la tele... Bueno, creo que está todo.

¡Anda!, ¡si esta lista es exactamente igual que la que hice el año pasado!

UNIDAD 5

A. No había tantos coches

6. Pista 6

JAIME: El curso pasado decidí irme a Inglaterra para perfeccionar mi inglés. Todo fue distinto de lo que yo imaginaba. Enseguida comprendí que vivir fuera de casa no iba a ser fácil.

Mi primera sorpresa fueron los horarios. Las tiendas, los bancos, los museos... cerraban muy pronto: a las seis de la tarde no había nada abierto. Yo estaba acostumbrado a dar un paseo a las seis o las siete de la tarde; a esa hora no había nadie. Estaba solo por la calle.

En invierno se hacía de noche a las cinco. Pasaban días y días sin aparecer el sol, así que siempre tenía que llevar el paraguas por si acaso.

Tardé varios meses en acostumbrarme. Yo soy de Córdoba y echaba de menos el sol y las calles llenas de gente.

Después de un tiempo conocí a un grupo de amigos y empezamos a salir juntos. Por las tardes, después de cenar, íbamos a los *pubs*. Los fines de semana hacíamos alguna excursión. Y cuando hacía sol nos sentábamos a charlar en la hierba de los parques.

Ahora que he vuelto a Córdoba recuerdo esos meses con mucho cariño y nostalgia.

UNIDAD 6

C. Cocina fácil

3. Pista 7

CAMARERO: ¿Qué van a tomar?
ELLA: Yo de primero quiero sopa castellana.
ÉL: Y yo una menestra de verdura.
CAMARERO: Muy bien, ¿y de segundo?
ELLA: ¿Qué tal está el cordero?
CAMARERO: Riquísimo, es de Segovia.
ELLA: Pues yo tomaré cordero.
ÉL: Yo prefiero pescado, tomaré merluza.
CAMARERO: Muy bien, ¿y de beber?
ÉL: Para beber pónganos una botella de vino de la casa y una botella de agua mineral, por favor.
CAMARERO: ¿Vino blanco o tinto?
ÉL: Carmen, ¿tú cuál prefieres?
ELLA: Tinto, mejor ¿no?
ÉL: Sí, una botella de vino tinto.
CAMARERO: Muy bien, ahora mismo.

UNIDAD 7

A. En verano, salud

7. Pista 8

Su carrera empezó en 1997. Desde entonces, Maribel Rojo ha sido portada de revista en varias ocasiones. Ahora disfruta de la fama junto a su marido y su hijo.

ENTREVISTADOR: Maribel, ¿qué hace a diario para cuidarse?
MARIBEL: La verdad es que soy muy disciplinada. Todos los días bebo dos litros de agua, hago ejercicio regularmente, duermo ocho horas diarias.
ENTREVISTADOR: ¿Y sigues alguna dieta especial?
MARIBEL: Bueno, soy vegetariana, pero no estricta. Me gustan mucho las ensaladas, las verduras y la fruta. Y de vez en cuando como algo dulce, soy golosa.
ENTREVISTADOR: Y cuando dices ejercicio, ¿qué ejercicio haces?
MARIBEL: Me gusta jugar al tenis. También doy largos paseos, me gusta mucho andar y me ayuda a dormir mejor.
ENTREVISTADOR: Y esa piel tan estupenda que tienes, ¿la cuidas mucho?
MARIBEL: No creas, no mucho. Todos los días por la mañana me lavo la cara sólo con agua y me pongo crema hidratante y por la noche me limpio bien el cutis antes de acostarme.

UNIDAD 8

C. Excusas

2. Pista 9

A. ¿Cuántos años tienes?
B. 55.
A. ¿Estás casado?
B. Sí, estoy casado y tengo dos hijos.
A. ¿Dónde vives?
B. En la calle Goya. Es una casa bastante grande y luminosa.
A. ¿Qué es lo mejor de vivir en el centro?
B. ¿Lo mejor de vivir en el centro? Puedo ir andando a mi trabajo y hay muchas tiendas cerca de casa.

A. ¿Qué es lo peor?
B. Lo peor es el aparcamiento. Es horroroso.
A. ¿Cuál es tu restaurante favorito?
B. No tengo ningún restaurante favorito. Pero cuando salimos en familia, elegimos un restaurante italiano.
A. ¿Dónde haces la compra?
B. La compra la solemos hacer en un supermercado cerca de casa.
A. ¿Qué haces en tu tiempo libre?
B. En mi tiempo libre, lo que más me gusta es salir de Madrid y andar por el campo.

UNIDAD 9

B. ¿Qué has hecho el fin de semana?

3. Pista 10

ENTREVISTADOR: Estamos haciendo una encuesta sobre los gustos cinematográficos de los jóvenes españoles. Perdona, ¿nos podrías contestar a unas preguntas?
PEDRO: Sí, si no tardas mucho.
ENTREVISTADOR: Es muy breve, enseguida terminamos. ¿Vas mucho al cine?
PEDRO: Normalmente, una o dos veces por semana. En verano suelo ir una vez al mes.
ENTREVISTADOR: ¿Y qué tipo de películas te gustan?
PEDRO: Lo importante es que sean buenas, pero las de ciencia-ficción me encantan.
ENTREVISTADOR: ¿Y qué actor te gusta más?
PEDRO: Uf, es difícil elegir uno. Javier Bardem en sus últimas películas está fantástico.
ENTREVISTADOR: ¿Y tu actriz favorita?
PEDRO: Entre las españolas, la que más me gusta es Penélope Cruz, y del cine internacional, pues... no sé, Julia Roberts, por ejemplo.
ENTREVISTADOR: Elige una entre tus películas favoritas.
PEDRO: Espera un momento que piense. Ah, bueno... *La guerra de las galaxias*. Bueno, también me gustó mucho *El señor de los anillos*.
ENTREVISTADOR: ¿Qué película española has visto últimamente que te haya gustado?
PEDRO: *Mar adentro*. La verdad es que me pareció buenísima.
ENTREVISTADOR: Además de ir al cine ¿qué te gusta hacer en tu tiempo libre?
PEDRO: Me gusta leer, oír música, hacer deporte... y cuando salgo con mis amigos nos gusta sentarnos en una terraza a tomar algo y a charlar.
ENTREVISTADOR: Bueno, pues esto es todo. Muchas gracias.

UNIDAD 10

A. ¿Qué piensas hacer estas vacaciones?

3. Pista 11

1. MANUELA GONZÁLEZ. Vacaciones familiares.
Nosotros vamos todos los años a pasar las vacaciones al pueblo de mis padres. Mis hijas se llevan bien con los abuelos y juegan todo el día con sus primos. Normalmente mi marido y yo andamos mucho por la montaña, nos bañamos en la piscina y por las tardes salimos a tomarnos algún refresco con nuestros amigos. El 15 de agosto hay fiestas en el pueblo, y está todo muy animado.

2. EUSEBIO Y PALOMA. Deportes de aventura.
Los dos trabajamos en una oficina y estamos todo el día sentados, pero nos gusta mucho el deporte. En invierno normalmente jugamos al tenis y esquiamos en la sierra. En verano aprovechamos para hacer otros deportes de riesgo. En los ríos y montañas de Asturias cada año hacemos un poco de todo: barranquismo, espeleología. Lo que buscamos es el contacto con la naturaleza y disfrutar de nuevas experiencias.

3. ELENA, JAVIER Y ANA MARÍA.
Desde hace cinco años, todos los veranos vamos a los cursos de la Universidad Internacional Menéndez Pelayo. Empezamos a venir cuando estábamos estudiando en la universidad, teníamos tres meses de vacaciones y queríamos aprovechar el tiempo. Nos gusta venir porque los profesores son personalidades muy importantes en su campo. Además, por las tardes siempre hay fiestas, conciertos musicales y la playa está muy cerca.

Solucionario

UNIDAD 0

1 **1.** termina, Sale; **2.** trabajan, duermen; **3.** B: Soy, doy; **4.** A: vienes; B: tomo, vengo; **5.** A: cuesta; **6.** A: vas; B: quiero, dicen; **7.** B: voy; **8.** A: está; B: sé; **9.** A: sales; B: salgo; **10.** A: Puedes, va; B: siga, tome; **11.** A: volvemos; **12.** A: tenéis; **13.** A: haces; B: Me levanto, hago, hago, damos; **14.** A: tengo, tengo, pido; B: puedo, tienen.

2 **1.** ¿Tienes hijos? **2.** ¿Cuántos años tienes? **3.** ¿Conoces a Laura? **4.** ¿Te gusta esta chaqueta? **5.** ¿Quedamos esta tarde? **6.** ¿Te vienes a tomar algo? **7.** ¿Quieres un café? **8.** ¿Puedo abrirla? **9.** ¿Qué te pasa? **10.** ¿Con quién comiste ayer?

3 **1.** Sí, claro, siéntate; **2.** Sí, claro, ábrela; **3.** Sí, claro, tráela; **4.** Sí, claro, pruébatela; **5.** Sí, claro, tómalo; **6.** Sí, claro, báñate; **7.** Sí, claro, llévatelo; **8.** Sí, claro, ponlas.

4 **1.** os, me; **2.** les; **3.** me, la; **4.** te; **5.** nos, nos; **6.** se; **7.** te; **8.** B: lo; **9.** las; **10.** le; **11.** A: te; B: me, me; **12.** nos; **13.** A: le; B: le; **14.** A: te, te; B: me, me; **15.** A: te; B: me, me; **16.** A: te; B: se; **17.** A: se; B: lo; **18.** A: me; B: te; **19.** B: me; **20.** nos/es.

5 (1) tuvo; (2) Se levantó; (3) desayunó; (4) salió; (5) Hizo; (6) empezó; (7) Tuvo; (8) Comió; (9) recibió; (10) Salió; (11) pasó; (12) se acostó.

6 **1.** en, de; **2.** por, a, en, del; **3.** A; **4.** con; **5.** a, de, por; **6.** en, a, a, en; **7.** A, de; **8.** por, de, ~~por~~, por/en; **9.** de, en; **10.** a, en; **11.** a, al, de; **12.** a, por; **13.** de, por; **14.** por; **15.** a, de; **16.** de; **17.** con, de, de, de, de, de; **18.** de, a, de, a, de; **19.** a, de, en, de, de; **20.** por, por, por; **21.** por, a; **22.** de, de; **23.** A: de; B: de.

7 **1.** A: para; B: para; **2.** por; **3.** para; **4.** para; **5.** B: por; **6.** para; **7.** por; **8.** para; **9.** para; **10.** por.

8 **1.** c); **2.** e); **3.** d); **4.** b); **5.** f); **6.** i); **7.** g); **8.** a); **9.** h).

9 **1.** Si; **2.** pero; **3.** Como, y; **4.** Si; **5.** Si; **6.** y; **7.** porque; **8.** B: también; **9.** Como; **10.** pero.

10 **1.** vimos; **2.** comí; **3.** era, tenía; **4.** era, pasaba, vivían; **5.** fue; **6.** A: Estuviste; B: fue, estuvimos; **7.** vivía, había, era; **8.** salí, gustó.

11 Respuestas semilibres.
1. Más de 300 millones de personas; **2.** Del latín; **3.** Cuatro: castellano, catalán, gallego y euskera; **4.** Gallegos; **5.** Templado, con tardes lluviosas; **6.** El 1 de noviembre; **7.** En Perú; **8.** El aceita de oliva; **9.** Eduardo Mendoza y Almudena Grandes; **10.** River Plate, Boca Juniors y Real Madrid; **11.** Boca Juniors; **12.** Carlos Santana, Jennifer López y Enrique Iglesias; **13.** Café y bollos; **14.** Libre; **15.** Pablo Ruiz Picasso; **16.** Diego Rivera; **17.** La Habana; **18.** Los tacos; **19.** Huevo, patata y cebolla.

12 1d; 2b; 3e; 4c; 5a.

UNIDAD 1

A. ¿Cómo estás?

1 **1.** b; **2.** f; **3.** c; **4.** d; **5.** a; **6.** e.

2 **1.** A Rafa y Alicia les gusta el cine. **2.** A Rafael no le gusta ir a la discoteca, pero a Alicia, sí. **3.** A Rafael le gusta leer, pero a Alicia, no. **4.** A Rafael y Alicia no les gusta jugar al fútbol. **5.** A Rafael no le gusta andar, pero a Alicia, sí. **6.** A Rafael no le gustan los coches, pero a Alicia, sí. **7.** A Rafael le gusta navegar en internet, pero a Alicia, no. **8.** A Rafael y Alicia les gusta la comida china. **9.** A Rafael le gusta la Historia, pero a Alicia, no.

3 **1.** ¿Cómo te llamas? **2.** ¿De dónde eres? **3.** ¿A qué te dedicas? **4.** ¿Dónde trabajas? **5.** ¿Dónde vives? **6.** ¿Por qué estudias español? **7.** ¿Qué te gusta hacer?

4 **1.** b; **2.** f; **3.** a; **4.** e; **5.** g; **6.** d; **7.** c; **8.** h.

B. Rutinas

1 (1) viven, (2) es, (3) trabaja, (4) es, (5) tiene, (6) se levanta, (7) lleva, (8) empieza, (9) Come, (10) vuelve, (11) es, (12) es, (13) sale, (14) vuelve, (15) come, (16) va, (17) practica, (18) estudia.

2 **1.** a; **2.** en, en; **3.** de, a, de, a, de; **4.** por, por, de, a; **5.** por; **6.** a, a, al, por, a; **7.** de, a, al, del; **8.** desde, hasta, de; **9.** por, en; **10.** desde; **11.** en, de, a; **12.** a.

3 **1.** le; **2.** te; **3.** se; **4.** les; **5.** les; **6.** le; **7.** se.

4 **1.** V; **2.** F; **3.** V; **4.** F; **5.** V; **6.** F; **7.** V; **8.** F.

C. Unas vacaciones inolvidables

1 **Regulares:** salí – salió (salir); escribí – escribió (escribir); me levanté – se levantó (levantarse); me acosté – se acostó (acostarse); terminé – terminó (terminar); compré – compró (comprar); comí – comió (comer).
Irregulares: fui – fue (ir); fui – fue (ser); tuve – tuvo (tener); leí – leyó (leer); hice – hizo (hacer); dormí – durmió (dormir); vi – vio (ver); pude – pudo (poder); vine – vino (venir).

2 (1) Me levanté; (2) Volví; (3) me duché; (4) desayuné; (5) salimos; (6) Compré; (7) Me encontré; (8) fuimos; (9) comimos; (10) salimos; (11) fue; (12) estuve.

3 Actividad libre.

4 **1.** A. fuiste, B. Fui. **2.** pusiste. **3.** hicieron. **4.** A. hiciste, B. Vi, me acosté. **5.** A. compraste, B. Compré. **6.** A. vino. **7.** A. volviste. **8.** estuvieron, llovió, pasaron. **9.** fuimos, nos bañamos, hicimos, Fue.

5 (1) Queridos; (2) muy bien; (3) fuimos; (4) luego; (5) Después; (6) y; (7) estuvimos; (8) Fue; (9) es; (10) son; (11) abrazo.

6 **1.** El sábado pasado Manolo **fue** al cine. **2.** ¿**Te apetece** una cerveza? **3.** A. ¿Qué tal el fin de semana? B. Muy bien, fui **a** la

discoteca. **4.** Anoche yo **vi** la tele hasta las doce de la noche. **5.** A los jóvenes españoles **les encanta** salir por al noche. **6.** El domingo Fernando se **levantó** a las once de la mañana. **7.** A. ¿Vienes al cine? B. Vale, ¿dónde quedamos?
C. En la puerta del cine? **8.** ¿**A** qué hora volviste ayer a casa?

UNIDAD 2

A. ¿Quieres ser millonario?

1 **1.** ¿Qué está comprando Pedro? **2.** ¿Adónde fuiste? **3.** ¿Quién arregló el reloj? **4.** ¿Qué hicieron para cenar? **5.** ¿Adónde os vais de vacaciones? **6.** ¿Adónde fueron Rosa y Pablo? **7.** ¿Qué sabe tocar Susana? **8.** ¿Cuándo viene Lorena? **9.** ¿Dónde está el helado? **10.** ¿A qué hora es el partido? **11.** ¿Qué música te gusta. **12.** ¿A qué hora cenas? **13.** ¿Quiénes vinieron a verte?

2 **1.** Cuántos. **2.** Cuánta. **3.** Cuántas. **4.** Cuánto. **5.** Cuántos. **6.** Cuántas. **7.** Cuántos. **8.** Cuánta. **9.** Cuántos. **10.** Cuántos. **11.** Cuánto.

3 **1.** Qué. **2.** Qué. **3.** Qué. **4.** Qué. **5.** Qué. **6.** Cuál. **7.** Cuál. **8.** Qué.

4 **1.** b; **2.** c; **3.** a; **4.** c; **5.** b; **6.** a.

B. Biografías

1 **1.** Di Stéfano jugó en el Real Madrid muchos años. **2.** Cervantes fue el autor de *El Quijote.* **3.** Los Reyes de España se casaron en Grecia. **4.** Antonio Banderas y Melanie Griffith se conocieron en el rodaje de una película. **5.** García Márquez recibió el Premio Nobel de Literatura en 1982.

2 **1.** La Guerra Civil española terminó en abril de 1939.
2. Los Beatles consiguieron su primer éxito en enero de 1963.
3. El hombre llegó a la Luna en julio de 1969.
4. Dalí nació en Cataluña en mayo de 1904.
5. La Revolución Francesa comenzó en julio de 1789.

3 (1) nació; (2) se fue; (3) se hizo; (4) perdió; (5) Estuvo; (6) volvió; (7) Se casó; (8) Tuvo; (9) fue; (10) escribió; (11) Murió.

4 (1) quiso; (2) empezó; (3) descubrieron; (4) estudió; (5) gustó; (6) empezó; (7) tuvo; (8) se dedicó; (9) crearon; (10) consiguieron.

C. Ganadores

1 (1) 1889; (2) 16; (3) 1933; (4) 1945; (5) 1980; (6) 15; (7) 2000; (8) 1964; (9) 21; (10) 5; (11) 1991; (12) 1995.

2 **1.** Gabriela Mistral trabajó como cónsul en Madrid, Lisboa y Los Angeles; **2.** Ganó el Premio Nobel de Literatura en 1945; **3.** Almodóvar ganó el Oscar con *Todo sobre mi madre;* **4.** Miguel Induráin es de Navarra; **5.** Cuando ganó la Vuelta a España tenía 21 años.

3 **1.** En. **2.** de. **3.** por. **4.** En. **5.** Desde. **6.** Desde, hasta. **7.** En.

4 Actividad libre.

5 **2.** En 1969. **3.** En 2000. **4.** En 1789. **5.** En 1995.

PRACTICA MÁS 1

1 **1.** d; **2.** f; **3.** a; **4.** b; **5.** h; **6.** c; **7.** g; **8.** e.

2 Actividad libre.

3 en, de, de, a, a, de, a, desde, hasta, Por, con, de, Al, por, con, a, a.

4 **1.** A Ángel le encanta el chocolate; **2.** Susana y Jorge se casan el domingo; **3.** ¿Cómo me quedan estos pantalones? **4.** Yo no me encuentro bien hoy; **5.** ¿Qué le pasa a tu mujer? **6.** ¿Tú te pones faldas cortas? **7.** Mis hijos se bañan en el río; **8.** ¿Qué os parece el plan?

5 (1) nació; (2) Estudió; (3) conoció; (4) Pintó; (5) celebró; (6) recibió; (7) conoció; (8) empezó; (9) vivió; (10) volvió; (11) creó; (12) Murió.

6 (1) naciste; (2) nací; (3) estudiaste; (4) empecé; (5) me fui; (6) cantaste; (7) canté; (8) pagaron; (9) estuve; (10) fue; (11) fue; (12) ganó.

7 **1.** Ayer Carmen no cenó; **2.** Eduardo volvió de Perú el sábado; **3.** ¿Cuánto te costó el frigorífico nuevo? **4.** Celia dejó Cuba y se instaló en EEUU; **5.** El avión de Rosa llegó con retraso; **6.** Carlos Gardel tuvo mucho éxito entre las mujeres; **7.** ¿Cuándo murió Carlos Gardel? **8.** Ayer no compré bastantes limones; **9.** ¿Dónde nació Salvador Dalí? **10.** ¿Cuál fue la última obra de Dalí?

UNIDAD 3

A. La boda de Pili

1 **1.** El príncipe Felipe nació en Madrid el 30 de enero de 1968.
2. Felipe Juan Pablo Alfonso y de Todos los Santos.
3. Es serio, introvertido y con gran sentido del humor.
4. La vela y el esquí. **5.** Su esposa era periodista.

2 **1.** V; **2.** F; **3.** F; **4.** V; **5.** V.

3 Hermana, padre, abuelo, madre, bisabuelo.

4 **1.** V; **2.** F; **3.** V; **4.** F; **5.** F; **6.** V; **7.** V.

B. ¿Cómo te ha ido hoy?

1 **Viajar:** Yo he viajado; Tú has viajado; Él/ella ha viajado; Nosotros hemos viajado; Vosotros habéis viajado; Ellos/as han viajado.

Conocer: Yo he conocido; Tú has conocido; Él/ella ha conocido; Nosotros hemos conocido; Vosotros habéis conocido; Ellos/as han conocido.

Vivir: Yo he vivido; Tú has vivido; Él/ella ha vivido; Nosotros hemos vivido; Vosotros habéis vivido; Ellos/as han vivido.

Divertirse: Yo me he divertido; Tú te has divertido; Él/ella se ha divertido; Nosotros nos hemos divertido; Vosotros os habéis divertido; Ellos/as se han divertido.
Volver: Yo he vuelto; Tú has vuelto; Él/ella ha vuelto; Nosotros hemos vuelto; Vosotros habéis vuelto; Ellos/as han vuelto.
Ver: Yo he visto; Tú has visto; Él/ella ha visto; Nosotros hemos visto; Vosotros habéis visto; Ellos/as han visto.

2 **1.** Ramón ha conocido a una chica; **2.** Nosotros hemos vivido en Mallorca un año; **3.** ¿Has visto la última de Almodóvar? **4.** Nunca he estado en Argentina; **5.** Mi hermano ha pasado por mi casa esta mañana; **6.** Elena ya se ha ido a la cama; **7.** ¿Habéis tenido problemas con el pasaporte? **8.** Mis vecinos han llamado a la policía, porque han visto a un ladrón en la escalera; **9.** Esta mañana no me he afeitado; **10.** La Sra. Pérez ha estado dos veces en el hospital; **11.** Juan no ha hecho la cama hoy.

3 Actividad semilibre.
1. Este verano he viajado por Centroamérica; **2.** Esta mañana he desayunado café y tostadas; **3.** Este mediodía he comido con mi familia; **4.** Esta tarde he estado en el parque; **5.** Hoy hemos salido de casa; **6.** Esta mañana he ido en taxi a la oficina; **7.** Esta noche he visto una película muy buena.

4 **1.** llega, ha llegado; **2.** he trabajado; **3.** A. Sales; B. salgo, he salido; **4.** comemos, hemos ido; **5.** vemos, hemos visto; **6.** he hecho, hace; **7.** A. has puesto; B. he puesto.

5 (1) llegó; (2) encontró; (3) tenía; (4) he visto; (5) hemos visto; (6) conocimos; (7) enamoramos; (8) he hablado; (9) hemos decidido.

6 **1.** De las vacaciones. **2.** A una mujer. **3.** En un hospital. **4.** Es enfermera. **5.** 63 años. **6.** La vida siempre es más dura de lo que uno se imagina.

C. ¿Qué te chocó más al llegar a España?

1 **1.** No se puede jugar a la pelota; **2.** Hay que usar gorro de baño; **3.** No se puede empujar en el bordillo; **4.** Hay que usar gafas de baño; **5.** No se puede correr por las instalaciones; **6.** Hay que ducharse antes de entrar en el agua.

2 **1.** No hay que acostarse tarde; **2.** Hay que repasar; **3.** No hay que salir por la noche; **4.** Hay que dormir ocho horas; **5.** No hay que ver la televisión hasta muy tarde; **6.** No hay que ponerse nervioso.

UNIDAD 4

A. Un lugar para vivir

1 **1.** Nos gustaría comprar un piso en la playa; **2.** A Lola le gustaría cambiar de trabajo; **3.** A mi marido le gustaría trabajar en una orquesta; **4.** ¿Te gustaría ir a ver una película? **5.** ¿A Vd. Le gustaría cambiar de coche? **6.** Me gustaría ganar más dinero; **7.** ¿Os gustaría ir de vacaciones a Mallorca?

2 B. Buenos días, este curso; B. céntrico, por la noche; A. un dormitorio; B. ¿Cuánto cuesta; A. 1.200; B. más baratos; A. tienes que coger el autobús, 500; A. 16, comunicado; B. a preguntar.

3 **1.** garaje; **2.** cocina; **3.** cama; **4.** salón; **5.** comedor; **6.** ducha.

4 alfombra, cama, horno, sillón, armario, lavabo, ducha, nevera, silla.

B. ¿Qué pasará dentro de 20 años?

1 **1.** V; **2.** F; **3.** F; **4.** V; **5.** F; **6.** F; **7.** V; **8.** F; **9.** V.

2 **1.** será; **2.** abrirá; **3.** Habrá; **4.** podrán; **5.** tendrán; **6.** estará.

3 **1.** hablará; **2.** firmarán; **3.** Repartirá; **4.** viajarán; **5.** podrán; **6.** lloverá; **7.** votará; **8.** pasará; **9.** vendrán.

4 **1.** c; Si fumamos en el autobús, los viajeros protestarán; **2.** e; Si el jefe sube el sueldo a Alberto, se comprará un coche nuevo; **3.** a; Si el despertador no suena, me levantaré tarde; **4.** d; Si mi hija va a la universidad, estudiará Informática; **5.** f; Si hace buen tiempo, iremos a dar un paseo; **6.** b; Si vais a Granada, veréis la Alhambra.

5 **1.** no te olvides; **2.** se enfadará; **3.** daros; **4.** me cansaré; **5.** cierra; **6.** llama; **7.** iremos; **8.** mojarás.

6 **1.** Pedirá ayuda; **2.** El destino les premiará; **3.** Practicar algún deporte; **4.** Problemas económicos; **5.** Encontrarán una pareja.

C. ¿Quién te lo ha regalado?

1 **Sujeto:** Yo, Tú, Él/ella, Nosotros, Vosotros, Ellos/as; **Objeto directo:** Me, Te, Lo/la, Nos, Os, Los/las; **Objeto indirecto:** Me, Te, Le/Se, Nos, Os, Les/Se.

2 **1.** No, se lo daré mañana; **2.** No, se lo contaré mañana; **3.** No, se la llevaré más tarde; **4.** No, se lo devolveré el sábado; **5.** No, se lo explicaré esta noche; **6.** No, me las darán el lunes; **7.** No, me la dará mañana; **8.** No, se lo compraré después de comer; **9.** No, nos los darán el mes que viene; **10.** No, nos las traerán ahora mismo.

3 **1.** la; **2.** lo; **3.** te; **4.** Tú; **5.** Os; **6.** te los; **7.** las; **8.** les; **9.** Yo; **10.** Le; lo.

4 **1.** Dámelo; **2.** Estúdialos; **3.** Regálaselo; **4.** Tráemelas; **5.** Cómpraselo; **6.** Mándaselo; **7.** Dáselas.

PRACTICA MÁS 2

1 **1.** está; **2.** es; **3.** es; **4.** son; **5.** están; **6.** está; **7.** es; **8.** está; **9.** Estás; **10.** sois.

2 Actividad libre.

3 A. has trabajado; B. he trabajado; A. Has estado; B. He estado; he viajado; A. Has conocido; B. he conocido.

4 **1.** No ha trabajado como guía turística; **2.** Ha trabajado en una agencia de viajes; **3.** Ha estado en España; **4.** No ha viajado por todo el país; **5.** No ha conocido a muchos españoles.

5 **1.** Mis padres se han acostado temprano; **2.** Juan se ha bebido toda la leche; **3.** Los niños han roto el ordenador; **4.** A nosotros nos ha gustado la película; **5.** Mi novio y yo hemos estado de vacaciones en Galicia; **6.** El concierto ha empezado tarde; **7.** La madre de Juan se ha caído por al escalera; **8.** El fontanero ha dicho que viene mañana; **9.** ¿Has acabado de pintar tu casa?

6 **1.** ¿Han ido alguna vez a Marbella? **2.** ¿Has visto alguna vez una corrida de toros? **3.** ¿Ha vivido alguna vez en el extranjero? **4.** ¿Habéis ido alguna vez a un concierto de rock? **5.** ¿Han comido alguna vez gazpacho? **6.** ¿Has montado alguna vez en avión? **7.** ¿Ha arreglado un enchufe?

7 **1.** Le gustaría comer una pizza gigante; **2.** Les gustaría vivir más cerca; **3.** Le gustaría comprarse un coche nuevo; **4.** Le gustaría comprarse un piso más grande; **5.** Nos gustaría tener más dinero; **6.** Me gustaría ganar más dinero y trabajar menos.

8 **1.** María estudiará en la universidad; **2.** María trabajará en un hospital; **3.** María viajará a París; **4.** María se comprará una casa; **5.** María tendrá un hijo.

9 **1.** Alicia se comprará un coche nuevo si le toca la lotería; **2.** Mis amigos irán a Barcelona si tienen dinero; **3.** Tú sacarás buenas notas si estudias mucho; **4.** Saldremos de paseo si Juan llega pronto.

UNIDAD 5

A. No había tantos coches

1 **Cantar:** Yo cantaba, Tú cantabas, Él/ella cantaba, Nosotros cantábamos, Vosotros cantabais, Ellos/as cantaban; **Tener:** Yo tenía, Tú tenías, Él/ella tenía, Nosotros teníamos, Vosotros teníais, Ellos/as tenían; **Dormir:** Yo dormía, Tú dormías, Él/ella dormía, Nosotros dormíamos, Vosotros dormíais, Ellos/as dormían; **Ser:** Yo era, Tú eras, Él/ella era, Nosotros éramos, Vosotros erais, Ellos/as eran.

2 **1.** Yo hacía natación / Yo no hacía natación; **2.** Yo salía de noche / Yo no salía de noche; **3.** Yo tenía moto / Yo no tenía moto; **4.** Yo leía cómics / Yo no leía cómics; **5.** Yo iba a conciertos de rock / Yo no iba a conciertos de rock; **6.** Yo estudiaba en la universidad / Yo no estudiaba en la universidad; **7.** Yo trabajaba en verano / Yo no trabajaba en verano; **8.** Yo viajaba al extranjero / Yo no viajaba al extranjero; **9.** Yo comía hamburguesas / Yo no comía hamburguesas.

3 **1.** viajaba; **2.** jugaban; **3.** íbamos; **4.** trabajaban; **5.** vivíamos, gustaba; **6.** había; **7.** estudiaba; **8.** veía.

4 **1.** tenía, fui; **2.** comí, gustó, tenía, **3.** vivíamos, conocimos; **4.** fue, encontró; **5.** estuve, estaba; **6.** llamaron, estaba; **7.** fui; **8.** fui, me encontré; **9.** estaba, se acostó.

5 (1) iba; (2) vio; (3) estaba; (4) se acercó; (5) preguntó; (6) contestó; (7) era; (8) tenía; (9) se bajaron; (10) estuvieron; (11) quedaron.

6 **1.** El curso pasado; **2.** A las seis de la tarde; **3.** Frío; **4.** De Córdoba; **5.** El sol y las calles llenas de gente; **6.** Se sentaban a charlar en la hierba de los parques; **7.** Con mucho cariño y nostalgia.

B. Yo no gano tanto como tú

1 **1.** México es más grande que Panamá; **2.** En Irán hay menos habitantes que en China; **3.** Egipto está más al sur que Japón; **4.** En Cuba hace más calor que en Canadá; **5.** En el desierto del Sahara llueve menos que en Venezuela; **6.** Cuba es más pequeño que España; **7.** Egipto tiene más población que Canadá; **8.** Panamá es el que tiene menos habitantes; **9.** España tiene 10 millones más de habitantes que Canadá; **10.** Egipto tiene 3,5 millones menos de habitantes que Irán.

2 **1.** b; **2.** c; **3.** a; **4.** c; **5.** a; **6.** c; **7.** a.

3 **1.** Mercurio es el planeta más próximo al Sol; **2.** Marte es el planeta más cercano a la Tierra; **3.** Plutón es el planeta más distante del Sol; **4.** Venus es el planeta más caluroso; **5.** Júpiter es el planeta más grande; **6.** Mercurio es el planeta más difícil de ver.

C. Mi ciudad

1 **1.** a) Su casa está al otro lado de la calle; **2.** a) Nadie está sentado entre nosotros; **3.** a) La casa está a poca distancia de la iglesia; **4.** b) Entre la casa de Juan y la mía hay mucha distancia; **5.** b) A espaldas de la casa hay un jardín.

2 Autobús, tren, bicicleta, autocar, taxi, moto, avión, metro.

3 **1.** A la vuelta de Semana Santa; **2.** En las carreteras de entrada de Madrid, Barcelona y Sevilla; **3.** La lluvia, el hielo y la niebla; **4.** La huelga de autocares; **5.** Los aviones.

UNIDAD 6

A. Segunda mano

1 **a)** Por Carmen o por Sara; **b)** Muy cerca de la universidad; **c)** Comprar un impresora de segunda mano; **d)** Para una obra de teatro; **e)** En el que se venden coches nuevos y seminuevos; **f)** Poco usadas; **g)** Por Bea; **h)** En el aula 218 del edificio B.

2 **MOTOR:** un coche, una moto; **INMOBILIARIA:** un piso de alquiler; **INFORMÁTICA:** un ordenador; **IMAGEN Y SONIDO:** una cámara digital; un piano; una guitarra eléctrica; un CD de Enrique Iglesias; **CASA Y HOGAR:** un frigorífico; un lavavajillas; una cama; un bonsái; un acuario.

B. En la compra

1 Plátano, pimiento, naranja, lechuga, melocotón, pera, coliflor, uva. Zanahoria.

2 **1.** c; **2.** a; **3.** f; **4.** b; **5.** d; **6.** e.

3 **1.** algún; No, no hay ninguno; **2.** alguna; No, no queda ninguna; **3.** algún; No, no hay ninguno; **4.** algo; No, no deseo nada más, gracias; **5.** alguien; No, no ha llamado nadie; **6.** alguna; No, no tengo ninguna; **7.** algo; No, no quiero nada; **8.** algún; No, no tengo ninguno; **9.** alguien; No, no espero a nadie; **10.** algo; No, no he comprado nada.

4 **1.** No hay ningún limón; **3.** ¿Hay alguna botella de agua en la nevera? **4.** ¿Vive alguien en el piso de arriba? **5.** ¿Ha venido alguien a casa? **7.** ¿Hoy no ha llamado nadie por teléfono? **8.** ¿Alguien ha visto algo del accidente? **9.** ¿Alguno de vosotros sabe algo?

C. Cocina fácil

1 **Primer plato:** ensaladilla rusa, menestra de verdura, sopa castellana; **Segundo plato:** cordero asado, merluza, lomo de cerdo, ternera; **Postre:** fruta del tiempo, helado, tarta, flan; **Bebidas:** agua mineral, vino.

2 (1) Qué; (2) de primero; (3) una; (4) segundo; (5) está; (6) es; (7) yo; (8) merluza; (9) de beber; (10) una botella; (11) mineral; (12) blanco; (13) cuál; (14) vino.

4 **1.** se cena; **2.** se puede; **3.** se cuecen; **4.** se escribe; **5.** se sirve; **6.** se oye; **7.** se ve; **8.** se habla; **9.** se toma. **10.** se pronuncian; **11.** se ve.

5 (1) rito; (2) en; (3) tapas; (4) son; (5) estudio; (6) julio; (7) mayores; (8) de; (9) que; (10) gambas; (11) boquerones; (12) acompañar; (13) refrescos; (14) Andalucía; (15) hay; (16) variedad.

PRACTICA MÁS 3

1 **1.** era, trabajaba; **2.** tocó, compré; **3.** fuimos, estaba; **4.** hacía, salí; **5.** tocaba, dejó; **6.** quedé, vinieron; **7.** quería, se estropeó.

2 **1.** pequeño; **2.** caro; **3.** oscura; **4.** sucia; **5.** larga; **6.** ancho; **7.** antiguo.

3 **1.** b; **2.** c; **3.** a; **4.** b; **5.** c; **6.** a; **7.** a, b; **8.** c; **9.** b; **10.** b; **11.** c.

4 **1.** alguien; **2.** algo; **3.** nada; **4.** ningún; **5.** algunas, ninguna; **6.** ningún; **7.** algún; **8.** algo; **9.** nada, nadie; **10.** alguna; **11.** alguien; **12.** ninguna.

5 **1.** Nada; **2.** Ninguno; **3.** Nadie; **4.** Nada; **5.** ningún; **6.** nadie; **7.** Nada; **8.** ninguna; **9.** nadie; **10.** Ninguna; **11.** Nadie; **12.** Ninguno.

6 **1.** Se hierve; **2.** Se echa; **3.** Se añade; **4.** Se cuece; **5.** Se añade; **6.** Se sirve.

7 **1.** Buenos días, ¿qué desean comer? **2.** A mí póngame una sopa de primero y de segundo un filete; **3.** Yo también quiero sopa, pero de segundo quiero pollo; **4.** ¿Y para beber? **5.** Vino y casera, por favor; **6.** ¿Tomarán algo de postre? **7.** No, muchas gracias. La cuenta, por favor.

UNIDAD 7

A. En verano, salud

1 **Afirmativo:** (tú) bebe, (Vd.) beba; ven, venga; cállate, cállese; levántate, levántese; haz, haga; **Negativo:** no bebas, no beba; no vengas, no venga; no te calles, no se calle; no te levantes, no se levante; no hagas, no haga.

2 **1.** Pues no vayas a trabajar, quédate en casa; **2.** Pues tómate un té, no un café; **3.** Pues sal, no te quedes en casa; **4.** Pues ponte los vaqueros, no la falda; **5.** Pues cómete un bocadillo, no comas pescado. **6.** Pues no vayas al cine, ve a la discoteca. **7.** Pues siéntate aquí, no andes más.

3 **1.** No me lo des; **2.** No los hagas; **3.** No se lo digas; **4.** No la abras; **5.** No la traigas; **6.** No te lo pongas; **7.** No los traiga; **8.** No la lleves; **9.** No me lo digas; **10.** No se la ponga; **11.** No se lo diga.

4 **1.** F; **2.** B; **3.** G; **4.** E; **5.** D; **6.** A; **7.** C; **8.** H.

5 **1.** Una empresa barcelonesa; **2.** 12 euros; **3.** El 20% de los españoles; **4.** Un masaje anti-estrés que dura entre cinco y diez minutos y a continuación se cubre con una manta y duerme unos veinte o treinta minutos; **5.** No más de 30 minutos; **6.** Es bueno para el corazón y sobre todo, mejora el rendimiento intelectual.

6 **1.** b; **2.** a; **3.** f; **4.** d; **5.** e; **6.** c.

7 **1.** F; **2.** F; **3.** F; **4.** V; **5.** V; **6.** F; **7.** V.

B. El jefe está de mal humor

1 **1.** b; **2.** f; **3.** e; **4.** d; **5.** c; **6.** a.

2 **1.** libre; **2.** cerrada; **3.** lleno; **4.** sucia; **5.** estropeado; **6.** vacía; **7.** ocupado.

3 **1.** B. es; A. es, Tiene, Tiene; A. Es, está; **2.** B. está, están; **3.** B. está, está, están, están, están, es, tiene; **4.** A. Es; B. está; **5.** B. está; **6.** A. Está; B. está; **7.** B. estoy, estoy; **8.** es; **9.** están; **10.** es, está, tiene.

C. ¡Que te mejores!

1 **Hacer:** haga, hagas, haga, hagamos, hagáis, hagan; **Tener:** tenga, tengas, tenga, tengamos, tengáis, tengan; **Ir:** vaya, vayas, vaya, vayamos, vayáis, vayan; **Ser:** sea, seas, sea, seamos, seáis, sean; **Estar:** esté, estés, esté, estemos, estéis, estén.

2 **1.** estés; **2.** tengas; **3.** encuentre; **4.** venga; **5.** hagan; **6.** te pongas; **7.** encontrar; **8.** comas; **9.** vayan; **10.** ganar; **11.** gane.

3 **1.** ¡Que te mejores! **2.** ¡Que tengas buen viaje! **3.** ¡Que seáis felices! **4.** ¡Que tengas suerte! **5.** ¡Que duermas bien!, ¡Que descanses! **6.** ¡Que te lo pases bien!, ¡Que te diviertas!

4 (1) Hola; (2) beca; (3) a; (4) mejorar; (5) espero; (6) Este; (7) apruebo; (8) vacaciones; (9) verte; (10) pronto; (11) diviertas; (12) besos.

UNIDAD 8

A. Buscando trabajo

1 **1.** mecánico; **2.** profesor; **3.** comercial; **4.** cocinero; **5.** guía turística; **6.** informático; **7.** peluquero; **8.** periodista; **9.** taxista; **10.** enfermera; **11.** policía.

2 JOANA: b. Soy profesora de Educación Infantil; JOANA: d. He trabajado un año en una escuela del Ayuntamiento; DIRECTORA: a. Hay dos turnos: de 8 de la mañana a 3 de la tarde y de 10 a 5; DIRECTORA: c. Puedes elegir: bebés o de 1 a dos años; DIRECTORA: e. 1.000 € durante el primer año.

B. Sucesos

1 **1.** A las 8:00 estaba desayunando en su casa; **2.** A las 9:00 estaba dirigiéndose a su trabajo; **3.** A las 9:30 estaba conduciendo su furgón de seguridad; **4.** A las 10:00 estaba recogiendo 180.000 € en un banco; **5.** A las 10:45 estaba abandonando su furgón en un aparcamiento público; **6.** A las 11:30 estaba volando con destino a Brasil con su botín; **7.** A las 21:30 estaba registrándose en un hotel de 5 estrellas; **8.** A las 22:00 estaba cenando en el mejor restaurante de Río de Janeiro; **9.** A las 24:00 estaba llamando por teléfono a su madre para desearle buenas noches.

2 **1.** (Él) estaba haciendo la comida cuando el cartero llamó a la puerta; **2.** (Ellos) estaban cenando cuando el móvil sonó; **3.** (Ellas) estaban jugando al tenis cuando empezó a llover; **4.** (Él) estaba haciendo una foto cuando el perro le mordió; **5.** (Ellos) estaban paseando por al calle cuando vieron un accidente entre dos coches; **6.** El ladrón estaba robando el banco cuando llegó la policía.

3 **1.** no había hablado; **2.** había comido; **3.** había visitado; **4.** no había conducido; **5.** no habían visto.

4 **1.** volvieron, habían estado; **2.** se enfadó, había aprobado; **3.** había marchado, llegamos; **4.** habíamos visto, fuimos; **5.** tuvo, había bebido; **6.** despidieron, había llegado.

5 **1.** Un robo a la joyería *La perla de Manila;* **2.** Han pasado a disposición judicial; **3.** Habían naufragado en las costas de Irlanda; **4.** Decenas de paisanos de distintos puntos de Galicia; **5.** No se sabe; **6.** Han declarado esta mañana en las dependencias policiales; **7.** Que se le ha perdido el respeto como jugador demasiado pronto; **8.** Parece que va a volver pronto a Inglaterra.

C. Excusas

1 (1) ¿Cuántos años tienes? (2) ¿Estás casado? (3) ¿Dónde vives? (4) ¿Qué es lo mejor de vivir en el centro? (5) ¿Qué es lo peor? (6) ¿Cuál es tu restaurante favorito? (7) ¿Dónde haces la compra? (8) ¿Qué haces en tu tiempo libre?

3 **1.** La entrevistadora le preguntó que cuántos años tenía; **2.** (La entrevistadora le preguntó) que si estaba casado; **3.** (La entrevistadora le preguntó) que dónde vivía; **4.** (La entrevistadora le preguntó) que qué era lo mejor de vivir en el centro; **5.** (La entrevistadora le preguntó) que qué era lo peor de vivir en el centro **6.** (La entrevistadora le preguntó) que cuál era su restaurante favorito; **7.** (La entrevistadora le preguntó) que dónde hacía la compra; **8.** (La entrevistadora le preguntó) que qué hacía en su tiempo libre.

4 **1.** El señor le contestó que tenía 55 años; **2.** El señor le contestó que estaba casado y tenía dos hijos; **3.** El señor le contestó que vivía en la calle Goya, en una casa bastante grande y luminosa; **4.** El señor le contestó que lo mejor de vivir en el centro era que podía ir andando a su trabajo y que había muchas tiendas cerca; **5.** El señor le contestó que lo peor era el aparcamiento; **6.** El señor le contestó que no tenía ningún restaurante favorito, pero que cuando salían en familia elegían un restaurante italiano; **7.** El señor le contestó que la compra la solían hacer en un supermercado cerca de casa; **8.** El señor le contestó que lo que más le gustaba hacer en su tiempo libre era salir de Madrid y andar por el campo.

5 **1.** El paciente le dijo al médico que tenía un problema: sentía un dolor en su ojo derecho cada vez que se bebía una taza de café; Y el doctor le respondió que no parecía nada serio, que tenía que sacar la cucharilla de la taza antes de beberse el café; **2.** La paciente le dijo al médico que le dolía la pierna derecha; El doctor le respondió que eso era cosa de la edad; Y la paciente le dijo que la otra pierna tenía la misma edad y que no le dolía.

PRACTICA MÁS 4

1 A. Vendedores; B. Cocinero/a; C. Agente de turismo; D. Conductores; E. Profesor/a.

2 **1.** b, c; **2.** b, c, d; **3.** a, b, d, e; **4.** c; **5.** d

3 **1.** el periodista; la periodista; **2.** el peluquero; la peluquera; **3.** el dependiente; la dependienta; **4.** el guía; la guía; **5.** el conductor; la conductora; **6.** el programador; la programadora; **7.** el taxista; la taxista; **8.** el juez; la jueza.

4 **1.** En un periódico; **2.** En una peluquería; **3.** En un supermercado; **4.** En una agencia de viajes; **5.** En un autobús; **6.** En una empresa informática; **7.** En una empresa de transportes; **8.** En un juzgado.

5 **1.** Papá, dame dinero para comer; **2.** Guardad los libros; **3.** Por favor, tráigame una cucharilla; **4.** Niños, apagad la tele;

5. Hija, levántate ya; **6.** Deje de fumar y haga ejercicio; **7.** Por favor, hablad más bajo; **8.** No corra; **9.** Hijo, no comas tanto; **10.** No vaya a tomar café tantas veces.

6 **1.** No te pongas este jersey, te queda mal; **2.** No se siente aquí, la mesa está ocupada; **3.** No cojas mi coche, está estropeado; **4.** No limpies la habitación, está limpia; **5.** No llenes la jarra de agua, está llena; **6.** No vayas a comprar el periódico, el quiosco está cerrado; **7.** No te compres este CD, está fatal; **8.** No te tomes el café, está muy caliente; **9.** No vayas a ver esa película, es muy mala.

7 **1.** Yo espero que Ana traiga el pan; **2.** Yo espero que venga a verme; **3.** Yo espero que escribáis pronto; **4.** Yo espero que mi equipo juegue bien; **5.** Yo espero que mi hija apruebe; **6.** Yo espero que estéis bien; **7.** Yo espero que vengas a mi boda; **8.** Yo espero que te mejores; **9.** Yo espero que te pongas el abrigo al salir.

8 **1.** tengas; **2.** vengáis; **3.** llames; **4.** apruebe; **5.** casarse; **6.** hagas; **7.** salgas; **8.** sacarse; **9.** se jubile.

UNIDAD 9

A. Cuánto tiempo llevas esperando?

1 **1.** b); **2.** a) **3.** b); **4.** c).

2 **1.** lleva viendo; **2.** llevan trabajando; **3.** lleva nevando; **4.** llevas estudiando; **5.** lleva saliendo; **6.** llevamos ahorrando; **7.** Llevo buscando; **8.** lleváis hablando; **9.** Llevamos esperando; **10.** lleváis buscando.

3 **1.** Carlos lleva tres horas durmiendo; **2.** Rosa lleva una hora y media tocando el piano; **3.** Emilio lleva ... trabajando en un taller mecánico; **4.** Llevamos ... meses saliendo; **5.** Elena lleva dos meses jugando al baloncesto en el Juventud.

4 **1.** ¿Cuánto tiempo llevas esperándome? **2.** ¿Cuánto tiempo llevas saliendo con él? **3.** ¿Cuánto tiempo lleva tu hijo tocando la guitarra? **4.** ¿Cuánto tiempo llevas jugando al ajedrez? **5.** ¿Cuánto tiempo lleva Carlos vendiendo electrodomésticos? **6.** ¿Cuánto tiempo llevan ellos viviendo en la calle Santa María? **7.** ¿Cuánto tiempo lleváis trabajando en la misma empresa? **8.** ¿Cuánto tiempo lleva Pedro aprendiendo a conducir? **9.** ¿Cuánto tiempo llevan estudiando neerlandés?

B. ¿Qué has hecho el fin de semana?

1 **1.** A: has hecho; B: vi, fui; **2.** A: llamé, encontré; B: fui; **3.** A: has estado; B: he visto, han salido; **4.** A: estudiaste; B: vine, conocí, empezamos, matriculé; B: dejé; **5.** A: ha tenido; A: chocó, fue.

2 *Titanic:* drama; *Con faldas y a lo loco:* comedia; *Salvar al soldado Ryan:* guerra; *West Side Story:* musical; *El exorcista:* terror; *La guerra de las galaxias:* ciencia-ficción; *El señor de los anillos:* acción; *Solo ante el peligro:* oeste.

3 **1.** Una o dos veces por semana; **2.** Las de ciencia-ficción; **3.** Sí, Javier Bardem; **4.** Penélope Cruz y Julia Roberts; **5.** *La guerra de las galaxias* y *El señor de los anillos;* **6.** Sí; *Mar adentro;* **7.** Le gusta sentarse a una terraza a tomar algo y a charlar.

C. ¿Qué te parece éste?

1 **1.** El incidente ocurrió en la sierra de Madrid; **2.** El cielo estaba despejado; **3.** La protagonista vio una luz roja; **4.** El objeto se movía rápidamente; **5.** Se lo contó a la policía; **6.** Ella creyó que era un ovni; **7.** La policía no la creyó.

2 **1.** Narrativa de ciencia ficción; **2.** Relatos y artículos de autores españoles; **3.** Por sus novelas y relatos; **4.** Isaac Asimov; **5.** Te aseguras la reserva de tu ejemplar y lo recibes en tu domicilio por correo son gastos de envío; **6.** Camiseta XL.

3 Actividad libre.

4 **1.** e; **2.** a; **3.** e; **4.** b; **5.** d.

UNIDAD 10

A. ¿Qué piensas hacer estas vacaciones?

1 **1.** La estatua "El Cristo del Corcovado", la roca del "Pan de Azúcar" y las playas de Copacabana e Ipanema; **2.** El tercer día; **3.** Hay que pagarla parte; **4.** La tarde es libre para compras de artesanía indígena en el Mercado Modelo; **5.** 1.208 €.

2 **1.** ganar; **2.** van a ver; **3.** va a tener; **4.** va a caerse; **5.** va a tener; **6.** va a salir.

3 **1.** a) En el pueblo de sus padres; b) Juegan todo el día con sus primos; c) Salen a tomar algún refresco con sus amigos; d) El 15 de agosto; **2.** a) El tenis y el esquí; b) A Asturias; c) El contacto con la naturaleza y disfrutar de nuevas experiencias; **3.** a) Hace cinco años; b) Porque querían aprovechar el tiempo; c) Los profesores son personalidades muy importantes en su campo; d) Hay fiestas, conciertos musicales y al playa está muy cerca.

B. Cuando tenga tiempo

1 **1.** b); **2.** a); **3.** g); **4.** d); **5.** c); **6.** e).

2 **1.** vivíamos; **2.** tenga; **3.** vas; **4.** has ido; **5.** pueda; **6.** era; **7.** jubile; **8.** sea; **9.** eres.

3 **1.** llegue; **2.** puedas; **3.** puedo; **4.** A: irás; B: termine; **5.** salga; **6.** se jubilen; **7.** se jubilaron; **8.** vuelvan; **9.** salíamos; **10.** A: empezarás; B: termine; A: terminarás; B: apruebe.

4 Actividad libre.

C. ¿Para qué sirve esto?

1 **1.** una persona; **2.** una especie; **3.** un lugar; **4.** una persona; **5.** un mueble; **6.** un objeto; **7.** un aparato.

2 **a.** 6; **b.** 5; **c.** 1; **d.** 2; **e.** 3; **f.** 4; **g.** 7.

3 **1.** ¿Has terminado ya el trabajo? **2.** Ayer vendí dos libros; **3.** ¿Puedes apagar la luz, por favor? **4.** Marisa ha suspendido el examen de conducir; **5.** El avión llegó a las 6.30; **6.** Este mecánico ha estropeado el coche; **7.** ¿Quién ha respondido eso? **8.** María ha traído al niño al colegio; **9.** Nosotros volvimos a casa a las 8; **10.** Tengo que pagar el dinero de esa factura.

PRACTICA MÁS 5

1 **1.** Lleva lloviendo dos horas; **2.** Lleva estudiando inglés dos años; **3.** Llevo aprendiendo a conducir desde diciembre; **4.** Irene y Julián llevan buscando trabajo desde el verano; **5.** María lleva trabajando en Sevilla desde el 20 de febrero; **6.** Mi hermano y yo llevamos viviendo en Salamanca desde el curso pasado; **7.** Llevo escribiendo una novela seis meses.

2 **1.** ¿Cuánto tiempo lleva lloviendo? **2.** ¿Cuánto tiempo lleva Julia tocando la flauta? **3.** ¿Cuánto tiempo lleva doliéndote la espalda? **4.** ¿Cuánto tiempo lleva Juan viviendo en el campo? **5.** ¿Cuánto tiempo llevan tus amigos cantando en el coro? **6.** ¿Cuánto tiempo lleváis jugando en el mismo equipo? **7.** ¿Cuánto tiempo llevas trabajando en Málaga?

3 **1.** c); **2.** e); **3.** a); **4.** f); **5.** b); **6.** d); **7.** h); **8.** g).

4 (1) estamos, (2) es, (3) está, (4) compramos, (5) estuvimos, (6) hicimos, (7) fue, (8) veréis, (9) llegue, estéis.

5 **1.** No voy a jugar al tenis mañana; **2.** Van a casarse mañana; **3.** ¿Vas a ver a Tomás esta noche? **4.** Va a llover mañana; **5.** ¿Cuándo van a ir a Barcelona? **6.** ¿Qué vais a hacer esta tarde? **7.** Juan va a estar en Salamanca la próxima semana. **8.** ¿Quién va a ir a la fiesta el sábado? **9.** Me voy a comprar un coche nuevo la próxima semana. **10.** Alejandro Sanz va a cantar en Gijón el mes de septiembre.

6 **1.** ¿Qué vas a hacer con él? **2.** ¿Qué vas a llevar puesto? **3.** ¿Qué van a oír? **4.** ¿Dónde va a ponerlo? **5.** ¿A quién vas a invitar?

7 **1.** casamos; **2.** compro; **3.** llamad; **4**. os contaré; **5.** tomaremos; **6.** di; **7.** conduzcas; **8.** llevo; **9.** haré; **10.** pasó.

8 **1.** Un arquitecto es una persona que diseña edificios; **2.** Un vegetariano es una persona que come verdura; **3.** Una zapatería es un lugar donde se vende zapatos; **4**. Un frigorífico es un electrodoméstico que conserva alimentos. **5.** Un cirujano es una persona que opera a los enfermos. **6.** Un parque es un lugar donde juegan los niños.